朝日新書
Asahi Shinsho 858

ルポ 大谷翔平

日本メディアが知らない「リアル二刀流」の真実

志村朋哉

朝日新聞出版

はじめに

２０２１年7月13日、アメリカの野球ファンの視線はロッキー山脈東麓にあるコロラド州デンバーのクアーズ・フィールドに注がれていた。

野球選手にとって世界最高峰の舞台であるメジャーリーグ。そこで最も活躍する70人弱の選ばれしスターだけが参加できる夢の祭典、オールスターゲームが行われていた。

２０２１年のオールスターゲームは、例年以上の重みがあった。前年は新型コロナウイルスの流行でシーズンが短縮され、第２次世界大戦中の１９４５年以来、初めてオールスターゲームが中止となったからだ。ファンで埋め尽くされた球場でのオールスターゲームは、「アメリカが日常を取り戻しつつある」ことを実感させてくれた。

その舞台の中心にいたのが、他でもない大谷翔平だった。

開幕から驚異のスタートダッシュを見せ、約１００年前の「野球の神様」ベーブ・ルース以来となる本格的な投打の二刀流で大車輪の活躍。オールスターゲームまでの前半戦で、メジャー単独トップとなる33本のホームランを放った。それまでの日本人選手最多であった松井秀喜の年間本塁打記録を中間地点で更新してしまったのだ。投手としてもエース級の投げっぷりだった。

誰もが想像しえなかった活躍で米野球界の話題を席巻し、メジャー史上初めて投手と野手の両方でオールスターに選出された。しかも、ファンが望む投打両方で出場させるため、リーグは試合のルールさえも捻じ曲げた。

「1番・指名打者」かつ「先発投手」として、スタメン出場。試合前の選手紹介では、観客席から一際《ひときわ》大きい唸りのような歓声が上がった。

前日のホームラン競争にも、日本人では初出場を果たした。しかも、第1シードで、優勝の本命と見られていた。

まさに「大谷のための祭典」といっても過言ではなかった。日本人がアメリカの国技ともいえる野球の「顔」になる日が来るとは想像もしていなかった。ましてや「投打の二刀流」という形でなんて。

オールスターゲームを中継する米FOX局の解説者たちは、大谷のピッチングを見ながら、「よくベーブ・ルースの二刀流と比較されるけど、シーズンを通してやり続けたら、それを上回る」と話していた。

2021年の大谷は、満票でのMVPという活躍で、それを成し遂げた。自らの夢である「世界一の野球選手」にとどまらず、メジャー史上で「唯一無二」の存在となったのだ。

私は、そんな大谷の軌跡を4年前のメジャーデビューから追い続けてきた。

当時、ロサンゼルス・エンゼルスの地元紙オレンジ・カウンティ・レジスターに勤めていた私は、米メディアで唯一となる大谷担当記者を任された。独立してからも、自宅のあるオレンジ郡を拠点に、大谷本人の取材に加えて、周囲の選手や首脳陣、スカウト、現地記者、ファンなどの声を聞き記事を書いてきた。

本書では、この4年間を振り返り、日本メディアの報道からは伝わりづらい「現地の生の声」「アメリカ人の目に映る大谷翔平の姿」をお届けする。1章では鮮烈デビューと怪我との闘い、2章では2021年の快進撃、3章ではベーブ・ルースや日本人選手などとの比較、そして4章では現地ファンが大谷に惹かれる理由とアメリカでの野球人気を解説する。

現地で大谷がどれほどの評価を受けているのかを通して、アメリカ流の野球観を理解していただき、これからのメジャー観戦に役立てていただけたら幸いだ。

表作成　朝日新聞メディアプロダクション
本文写真（特に表記のないもの）　著者

ルポ　大谷翔平

日本メディアが知らない「リアル二刀流」の真実

目次

3章　数字で見る〝リアル二刀流〟　121

4章　アメリカが見た大谷翔平　185

原則として、肩書・年齢・組織名、その他データ等の数字は取材当時のものです。

1章　海を渡った二刀流

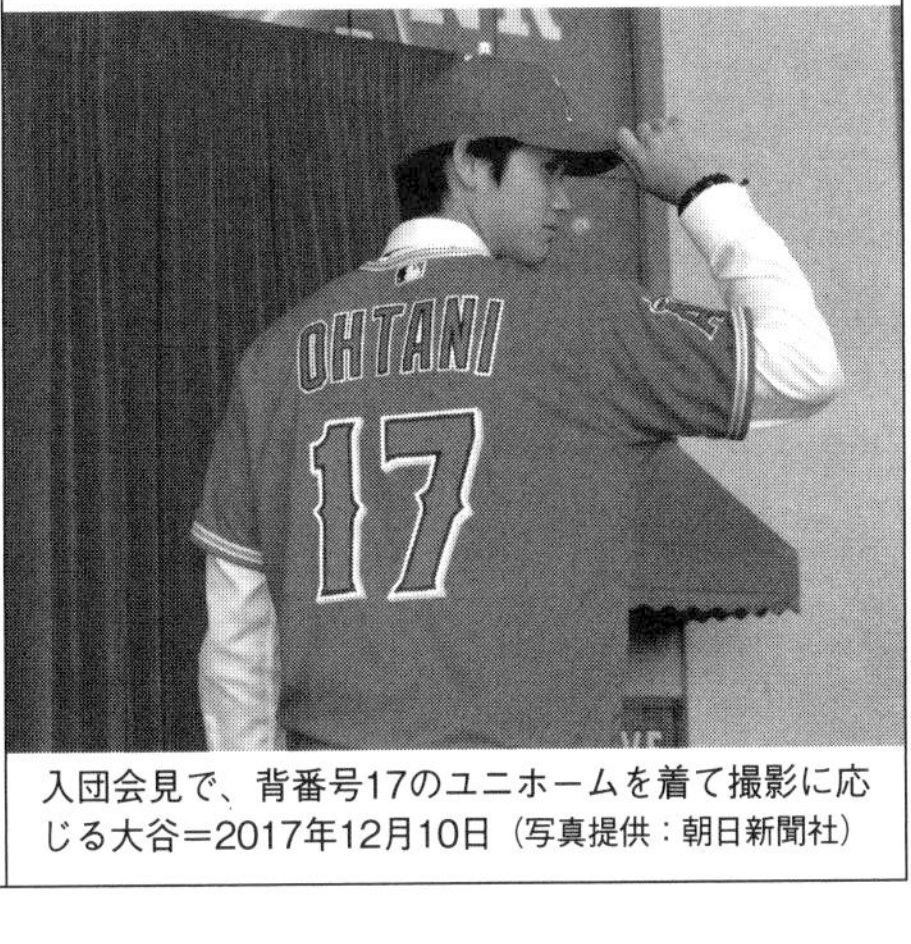

入団会見で、背番号17のユニホームを着て撮影に応じる大谷＝2017年12月10日（写真提供：朝日新聞社）

まさかのエンゼルス入団

2017年12月8日、野球好きの友人からのテキストメッセージで目が覚めた(米国時間、以下同様)。

夜明けまで仕事をしていたが、英語で書かれたメッセージを読んで眠気が吹き飛んだ。「You got your wish. Ohtani to the Angels.(君の願いが叶ったね。オオタニがエンゼルスへ)」

ベッドから飛び出してツイッターを見ると、確かに何人かの現地野球記者たちが速報を流していた。

私はすぐに上司であるオレンジ・カウンティ・レジスター編集長にチャットでメッセージを送り、エンゼルス担当記者のサポートなど、できることは何でもすると伝えた。

レジスターは、エンゼルスが本拠地を構えるカリフォルニア州オレンジ郡の地元新聞社。オフィスはエンゼル・スタジアムの通りを挟んだ向かいにあり、私の席からも球場が見えた。同僚は、ほぼ全員がアメリカ人。私はそこで働く唯一の日本人で、報道記者として地元の政治・経済や社会問題などの記事を英語で書いていた(日本の地方新聞で、アメリカ人が日本語で取材して記事を書いている姿の逆を想像してもらえれば分かってもらえるだろうか)。

編集長には、大谷が候補を7球団に絞った時から、エンゼルスに来ることになったら取材を手伝いたいと声をかけておいたが、彼を含めてオフィスの野球好きたちは、「まさかないだろう」という反応だった。

というのも、現地記者たちの間では、当初はヤンキースやレッドソックスなど東海岸の名門、希望球団が絞られてからは、日本と繋がりがあるマリナーズやパドレスが本命と見られていたからだ。移籍発表の数日前には、レジスターのコラムニストが、『大谷がエンゼルスを選ぶなんてちょっと出来過ぎだよね？』という見出しで記事を書いていたほどだ。

それだけに、大谷の決断は驚きだった。

急遽、レジスターでは、翌日の一面とスポーツ面で大谷特集を組むことになり、私もオレンジ郡に住む日本人の喜びの声を記事にした。カリフォルニア州の地方紙で勤務してきた10年で、ほぼどの現場に行っても、私は日本語を話せる唯一の記者だった。だが、それまで日本語を仕事で使った場面は、5回あったかないかくらいだった。大谷のエンゼルス入団を取材して、初めて日本語が活かせる喜びを感じることができた。

アメリカも待ちわびた二刀流

私が大谷の存在を知ったのは、2016年くらいだったと思う。米地方紙で記者として駆け出しの時はスポーツ担当だったので、アメリカのスポーツには詳しいが、大学を卒業してから10年近く離れていた日本の事情には疎くなっていた。

それでも、投打の両方で活躍する選手がプロ野球にいるとは耳にしていた。こっちの「野球オタク」たちが、インターネット上で話題にしていたからだ。

大谷がアメリカで本格的に注目されるようになったきっかけの一つが、メジャー挑戦を表明する前の２０１７年４月に放映された、米テレビ局ＣＢＳ『60ミニッツ』でのインタビューだ。ここで取り上げられれば時の人ともいわれる人気報道番組で、日本が登場することすら稀だ。そこで、「日本のベーブ・ルース」という見出しで紹介されたことで、名が知れ渡った。

同年11月、その大谷がポスティングシステムでメジャーに挑戦すると聞いて、アメリカの野球ファンは色めいた。世界最高峰のメジャーリーグで、本格的な投打の二刀流なんて不可能だと思われていたからだ。

アメリカでも、高校や大学までは、投打の両方で抜きん出る選手はいる。しかし、プロに入ってからはどちらかに絞るのが当たり前である。野球が広まった黎明《れいめい》期はプロとして両方やる選手もいたが、分業化が進み、同一シーズンに投打の両方で活躍したのは、１９１９年のベーブ・ルースが最後だ（ただし、１９２０年から１９４８年にかけて存在した黒人選手を中心としたニグロリーグには、ブレット・ローガンやマーティン・ディーゴなど、二刀流で活躍したスター選手がいた。現在では、ニグロリーグはメジャーリーグと同等だと見なされている)。

現在のメジャーリーグは、昔とは比べ物にならないくらい選手層が厚くなり、どちらかに専念して練習や調整を行わなければ、熾烈な競争に生き残れない。加えて、データ分析の進化によって、選手の価値も一目で数値化されるようになった。物珍しさだけでなく、チームの勝利に貢献できる形でなければ、二刀流はやらせてもらえない。投打のどちらかで抜きん出る方が、「どちらも平均的」よりも価値が高いのだ。

メジャーに次ぐレベルと評価される日本のプロ野球で、投手と指名打者としてベストナインをダブル受賞した大谷が、アメリカでも二刀流を成し遂げられるのか。結果はどうあれ「どうなるか見てみたい」というワクワク感を抱く野球ファンがアメリカには多かった。「失敗しても当たり前、成功したら最高のショーを見られる」。そんな気持ちだった。なので、2017年オフシーズンの米野球界は、大谷の話題で持ちきりだった。

大谷争奪戦が大きく注目を浴びた理由の一つが、全球団が金銭的リスクなしに参加できたことだ。メジャーでは、労使協定で25歳以下の海外選手は契約金の上限が定められている。大谷は23歳というプロ野球出身選手としては異例の若さでメジャーに挑戦したため、リーグ最低年俸の54・5万ドル（約6000万円）で契約が可能だった。たとえ大谷が活躍しなかったとしても、球団側はほとんど失うものがない。

どのチームの首脳陣もファンも、「とてつもない可能性を秘めた大谷が、自分たちを選んでくれるかもしれない」と、少なくとも期待だけは抱くことができた。

しかも、大谷はあと数年待ってからアメリカに移籍すれば、2億ドル（約220億円）もの大型契約を結べたかもしれない。それを捨ててメジャーに挑戦したことに、アメリカ人は何より驚きを感じた。

私も「大谷は何で大金を得るチャンスを棒に振るのか」と何人もの友人に聞かれた。「大谷にとってはお金より大切なものがあるんだと思う。日本にはお金儲けを汚いとみなす価値観すらあるんだ」と説明したが、腑に落ちない表情だった。

野球、アメフト、バスケットボールなど、国内の人気スポーツでは自国リーグが世界トップレベルを誇るアメリカでは、最高峰の舞台を求めて国外に飛び出すアスリートが国民の注目を集めることは稀だ。なので、大谷の気持ちはより理解しづらい。

大谷のメジャー移籍を受けて、雑誌アトランティックは、『大谷翔平は世界で最も能力に見合わず薄給な男かもしれない』という見出しで記事を掲載した（2017年12月11日配信）。大谷は拝金主義がはびこるメジャーリーグに一石を投じた。

「大谷を最も物語っているのは、彼が2年待てば何億ドルものお金を手にできたのに、その道を選ばなかったこと」だとエンゼルスファンのジョン・エアーズさん（33）は、大谷の移籍直後に述べた。「彼は野球選手として上達するためにアメリカにやって来た。そのことが僕が彼について知るべきことを全て教えてくれたような気がします。彼は心から最高の選手になりたいと思っていて、そのための努力を惜しまないはずです」

大谷の感じた「縁」

当時エンゼルスのゼネラルマネージャーで大谷獲得の立役者とも言われるビリー・エプラーが、入団受諾の吉報に興奮し、椅子に座り損ねて転倒してしまったと冗談混じりに話していたが、私も似たような驚きを感じた。

なぜエンゼルスを選んだのか。アメリカ人記者たちの大きな疑問で、いまだに大谷は明快な回答は口にしていない。交渉球団が7つに絞られた際には、大谷は西海岸の小さな市場を希望していると報じられたが、代理人はこれを否定。大谷本人は、言葉にできない「縁」や「強い絆」を感じ、エンゼルスでプレーしたいと思ったのだと入団会見で語った。

多くの専門家は、「二刀流での起用にどれだけ理解を示していたか」が決め手になったと推測する。早めにアメリカに来る決断をしたのも、低い年俸でプレーすることで、二刀流をやることに理解を示す球団が多くなるとの思いもあったかもしれない。大型契約で入団したら、チームはすぐに結果を求めるだろうし、二刀流による怪我のリスクに慎重になる。

オレンジ・カウンティ・レジスターでエンゼルスを担当するジェフ・フレッチャー記者は、西海岸で指名打者制があるアメリカンリーグのマリナーズとエンゼルスが最終候補だったのではないかと考えている。

「西海岸は日本から近くて気候もいいし、東海岸と比べてメディアのプレッシャーも少ない。最後はどっちのチームと良いミーティングができたかで決まったんだと思う」

エンゼルスは、カントリーシンガーのジーン・オートリーによって1961年に設立された。球団名は、ロサンゼルスの地名の由来である「天使たち（Angels）」から来ている。当初はドジャーズと同じくロサンゼルス市に本拠地を構えていたが、1966年に50キロほど離れたオレンジ郡アナハイム市に移転した。

アナハイムは元祖ディズニーランドがあることで知られている。ディズニーランドは球場からは車で10分ほどの距離。1996年から2003年までは、ウォルト・ディズニー社がオーナーとして球団を運営していた。

ア・リーグ西地区に所属し、地区優勝は9回、ワールドシリーズ優勝はワイルドカード

エンゼル・スタジアムの正面入口の外に置かれたミッキーマウスは、エンゼルスのユニホームに身を包んでいる。元祖ディズニーランドは球場から車で10分くらいのところにある。一時はウォルト・ディズニー社がエンゼルスを保有していた

から勢いにのって勝ち上がった２００２年のみ。過去には、ロッド・カルー、ノーラン・ライアン、ブラディミール・ゲレーロといった殿堂入りの名選手に加えて、長谷川滋利（１９９７－２００１）、松井秀喜（２０１０）、高橋尚成（２０１１－２０１２）といった日本人選手もプレーしていた。

　海岸沿いで地中海性気候のオレンジ郡は、全米で最も気候がいい場所の一つと言われている。一年の３００日近くが晴天。夏は湿気がほとんどない。冬でも昼間は20度以上になるので、私もプライベートでは、１年の大半をTシャツと短パンで過ご

している。

雨が降ったり寒かったりで練習ができないという日はほとんどないため、全米で最もスポーツが盛んな地域の一つである。日本からもプロ野球選手を含めたアスリートたちが練習しにやってくる。

アナハイムのある郡北部は所狭しと家や商業施設が乱立するが、南部には計画して作られた緑豊かな住宅街が広がる。海沿いは高級リゾート地として知られ、富裕層や有名人が住んでいる。

マツダやアシックスなどの日本企業がオフィスを構えているため、日系人のみならず駐在員も多い。なので日系スーパーや寿司屋はもちろん、ラーメンや居酒屋まで日本食には不自由しない。

かつてエンゼルスでプレーしていた高橋尚成は、ロサンゼルスよりも空気がきれいで落ちついているオレンジ郡が、今まで生きていた中で最も暮らしやすかった場所だと話していた。9年前に東京から移住してきた私の妻も同感で、オレンジ郡から離れたくないと言う。

こうした恵まれた気候や生活環境が大谷の選択に影響を与えたとしても不思議ではない。

ただ、住みやすさには定評があるオレンジ郡だが、世界的な都市であるロサンゼルスの影に隠れてしまっていることは否めない。エンゼルスが名前にロサンゼルスを付けていることにも、それは表れている（千葉にあるディズニーランドが東京を名乗っているのと似ている）。私自身、カリフォルニアの外に出ると、「ロサンゼルス郊外」に住んでいると説明することが多い。

エンゼルスは、そんなオレンジ郡の特徴を反映したチームだともいえる。

南カリフォルニアではロサンゼルス市内に球場があるドジャーズが圧倒的人気を誇り、エンゼルスファンのほとんどがオレンジ郡の住人だ（関西に例えれば、ドジャーズが阪神タイガースで、エンゼルスがオリックス・バファローズである）。郊外ということもあって、ファン層も家族連れが多い。ちょっとドライブすれば、「エンタメの都」ロサンゼルスで遊べて、綺麗なビーチや山でアウトドアが楽しめる。プロスポーツも、野球に加えて、アメフトのNFLとバスケットボールのNBA、アイスホッケーのNHL、サッカーのMLSが、それぞれ2球団ずつひしめいている。エンゼルス観戦は、その数多い娯楽の一つにすぎない。もちろんエンゼルスの動向を逐一追うような熱心なファンもいるが、「選手の名前はほとんど知らないけど、まったりとした時間を過ごしたい」と球場に足を運ぶ人も多い。

なので、ドジャーズやヤンキース、レッドソックスといった「名門球団」に比べるとファンの気質は穏やかだ。人生の全てをエンゼルスに捧げ血眼になって応援するような人は少ない。

「正直、エンゼルスの試合に行くとちょっと残念な気持ちになります」というのは物心がついた頃からエンゼルスのファンだというカイル・スミスさん(25)。

「試合に集中していないファンが多すぎます。まるで遊園地にいるかのようです。ボストンやボルティモアの球場に行ったことがありますが、ファンが一球、一球を真剣に追っていました。エンゼルスの試合もそんな風だったらいいのにと思う時があります」

エンゼルスは2014年以降、不甲斐ない成績が続いてポストシーズンに進出できていないが、ファンやメディアから大して怒りの声は聞こえてこない。これがヤンキースだったら、選手や首脳陣がとてつもない批判の嵐にさらされているだろう。ニューヨークなどの大都会と比べると、オレンジ郡の生活ペースはのんびりしている。仕事だけに追われず人生を楽しもうとする人も多い。そんな地域の特色が、エンゼルスにも表れている。

大谷はエンゼルス入団を決める前にこう話している。「自分としてはまだまだ足りない部分の方が多い選手だと思っているので、自分をもっと磨きたいというか、そういう環境に自分をおきたいなと思っているので、そこに適している球団にぜひ行きたいなと思っています」

ヤンキースやレッドソックスのような古豪だと、すぐに結果を求められる。でも、このチームなら辛抱強く自分の成長や二刀流を見守ってくれる、と思って大谷はエンゼルスを選んだのかもしれない。

ちなみにエプラーGMは、大谷がエンゼルスを選んだと聞いた時、息子が生まれた時や妻と結婚した時と同じような誇らしさを感じた、とスポーツメディアInside the Halosに語っている。

「ゼネラルマネージャーになると分かった時よりも感情がたかぶった。それだけは言えます」

"Hi, my name is Shohei Ohtani!"

大谷の入団記者会見は、エンゼル・スタジアムの正面入口前に準備された特設ステージで行われた。

地元紙レジスターからはフレッチャー記者とスポーツコラムニスト、カメラマン、そして私の4人が出席。南カリフォルニアらしい天気で、12月にもかかわらず気温は25度を超えていた。

開始時刻の1時間半ほど前に、新聞社ビル前の大通りを渡って球場に着くと、すでに数百人ものファンが記者席を取り囲んで待っていた。エンゼルスのグッズをまとったアメリカ人に加えて、北海道日本ハムファイターズや日本代表の大谷ユニホームを着ている現地在住の日本人も目立つ。

移籍発表の翌日にもかかわらず、球場の外壁には主力選手たちの顔写真に混じって、大谷の名前が書かれた英語と日本語の垂れ幕が掲げられ、グッズストアでは大谷の名前と背番号「17」がプリントされたTシャツとユニホームが売られていた。会場には米メディアを上回るであろう数の日本メディアが詰めかけていて、日本での大谷への注目度の高さは現地記者たちにも一目瞭然だった。

会見が始まる午後3時に大谷が壇上に上がると、ファンからは歓声が上がった。私も大谷を生で見るのは初めて。確かに、背が高くて肩幅が広く、アメリカ人に交じっても見劣りしない。

エンゼルスの赤いユニホームに袖を通した大谷が、まず発した言葉は「Hi, my name is Shohei Ohtani.（こんにちは、大谷翔平と言います）」。

ファンは大喜び。もしかして英語で話すのではないかと思ったが、その後は全て日本語だった。

会見を見たアメリカ人には、他の才能ある若い選手に比べて「謙虚」だと映ったようだ。

エンゼルスの本拠地エンゼル・スタジアム正面入口前で行われた大谷翔平の入団会見には、100人を超す報道陣に加えて、数百人のファンが集まった。金額面では、ほぼ全球団にチャンスがあったため、大谷の移籍交渉は米スポーツ界の注目を集めた

特にエンゼルスファンには、大谷が会見中にチームの「顔」であるマイク・トラウトの結婚を祝福したり、本当はトラウトの27番を付けたかったというジョークを飛ばしたりしたことが好印象を与えた。

「大谷がメジャーリーグでプレーするのを楽しみにしているのが伝わってきました。堂々としていながら、高慢ではない。チームの顔であるトラウトに敬意を示したのも素晴らしかった」と前出のエアーズさん。

入団会見で現地記者の興味を集めたのが、大谷の起用法だった。

エンゼルスが移籍交渉で投打両方での起用を提示したことは間違いな

い。だが二刀流はそう簡単ではないというのが、こっちの専門家たちの見方だった。

メジャーリーグは日本のプロ野球に比べて投手の登板間隔が短い。試合日程や移動も日本より過酷だとメジャー経験のある日本人選手たちは言う。バッターボックスに立てば、メジャーの投手は体に当てんばかりの内角球をバンバン投げてくる。相手がスーパースターだろうと遠慮はない。

現地記者の予想では、「大谷はピッチャーとしては即戦力になるが、バッターとして通用するかは分からない」という声が多かった。特にア・リーグで打者として出場するには、DH専門の選手よりも打撃が上でなくてはならない。

同僚だったフレッチャー記者も、入団会見時には、「2年後には打席には立っていないと思う」と予想していた。

エンゼルスは、大谷の登板間隔を空けるために先発ローテーション6人制を導入（メジャーは通常先発5人で回す）。メジャー1年目は、ファイターズ時代の起用法を踏襲し、先発登板の前日と翌日は休養をとらせ、残りの試合で指名打者として出場させた。

二刀流が成功するかは別にして、大谷の入団で、エンゼルスファンの期待は一気に高まった。慢性的な投手不足に悩むチームが、100マイルのストレートを投げられる先発投手を、タダ同然で獲得したからだ。しかも、まだ野球選手としてのピークすら迎えていない23歳。主砲トラウトの活躍以外で、あまり明るいニュースのなかったエンゼルスだが、ポストシーズン進出が現実味を帯びてきた。短期決戦のポストシーズンは、「進出の切符さえ掴んでしまえば、あとは『運』による部分が大きいので、どのチームが優勝してもおかしくない」というのがアメリカでは共通認識になってきている。

2002年のワールドシリーズは、本拠地での全試合を生で観戦したというエンゼルスファンのティム・マーレーさん（47）は、大谷の若さを考えると、チームの将来が楽しみでたまらないと大谷の入団会見後に語った。

「とにかくエンゼルスがまたワールドシリーズに出るのを見たいんだ。大谷が連れていってくれたら最高だね」

さえなかったオープン戦

翌年2月に、アリゾナ州でエンゼルスのスプリングトレーニング（各球団が開幕前に行う練習とオープン戦）が始まってからも、野球界の話題は大谷一色だった。

日本の記者たちが大谷の一挙一動を報じるのは、これまでの日本人メジャーリーガーたちと変わらないので驚きはない。だが、オープン戦にさほど重きを置かない現地の野球記者たちさえも、大谷の動向に興味津々だった。やはり「二刀流」に特別な関心があることを感じた。

　それまでは、エンゼルスのスプリングトレーニングを取材する記者は地元メディアを中心に10人いるかいないか程度だった。だが、大谷の入団で、その数が100人以上になる日も出てきた。

　私もレジスターの大谷担当ということで、自ら志願して現地に取材に行った。通常業務の合間に、休日を返上しての出張だったため、全日というわけにはいかなかったが、現場の空気は十分に感じることができた。駆け出しの頃はスポーツ記者として、ロサンゼルス郊外のマイナーリーグ球団を1年間、担当していたこともあるが、本格的なメジャーリーグ取材は初めて。約8年ぶりのスポーツ取材ということで、飛行機の中でも予習をしながら胸が高鳴っていた。

　同僚のフレッチャー記者が、スプリングトレーニング期間中に借りているアパートに居候させてもらい、親しくなることができた。滞在期間中は、常に行動を共にしていたため、メジャー取材の基礎や、野球の最新トレンドなどを、みっちり教えてもらえた。エンゼルスを2013年から担当しているフレッチャーは、エンゼルスに同行する記者団の中で最も古株でリーダー的な存在。メジャーを取材して20年以上になるベテランだが、統計分析に基づく新しい野球の見方にも理解を示す柔軟性がある。ここで深めた親睦がきっかけで、

メジャー挑戦１年目のスプリングトレーニングでも、アリゾナ州に観戦に来ていた野球ファンから最も熱視線を集めていた大谷

フレッチャーとは私がレジスター退社後も、一緒に大谷関連の仕事を続けることになる。

そのフレッチャーが、２０１８年のスプリングトレーニング中に書いた記事の約70パーセントが大谷関連だった。一人の選手にそこまで注力したことは、メジャーを取材してきて初めてだったと言う。

「みんな彼がメジャーで通じるか知りたいんだ。大谷はこっちで誰もやったことのない二刀流をやろうとしているんだから」

注目を一身に集める中、大谷は投手としては2試合を投げて自責点8（防御率27・00）、打撃では32打数4安打（打率1割2分5厘）で長打なしと、不振にあえ

エンゼルスの地元紙オレンジ・カウンティ・レジスターで同僚だったジェフ・フレッチャー記者（左）。大谷翔平の１年目、エンゼルスのオープン戦で、記者席で一緒に取材した際に撮影した一枚

いだままオープン戦を終えた。

現地メディアからは、まずはマイナーリーグで経験を積ませるべきだという声も上がったが、エンゼルスの首脳陣は開幕メジャーの姿勢を崩さなかった。チームメイトたちも口を揃えて、「たかがオープン戦」だと大谷を擁護した。オープン戦は結果を残すというよりも、実際の投手や打者と対戦して、タイミングを調整する場だと考えられている。

「ここにいる誰もがオープン戦の成績なんてほとんど気にしていない」とレネ・リベラ捕手は語った。「だってあくまでいろいろなことを試して公式戦に備える場なんだから。オープン戦の数字なんてものはすぐに消えて無くなるよ」

ましてや大谷は日米のボールやマウンド、対戦相手の違いに加えて、投打両方の準備をしなくてはならない。

「チームの課したことだけじゃなくて、自ら課したことまで全てをやりこなす（大谷の）勤勉さには、本当に感心させられる」とリベラは褒めた。

エプラーGMは、大谷が何点取られたか、何本ヒットを打ったかなどという結果だけで評価をしていないと話した。打ち取った当たりが運よく野手の間を抜けることはあるし、味方守備の上手い下手によっても結果は左右される。サンプル数が少なく、守備にマイナー選手が入るオープン戦ならなおさらだ。

「我々は投球に関しては、四球率やストライク率、どれくらい空振りをとれるかなどを考慮する」とエプラーGM。「（打撃では）強くボールを叩けていた場面もあったし、ストライクゾーン外の球にはつられない。我々が高く評価するいくつかの項目を満たしている。彼には一般的な数字が示している以上の実力がある」

とはいえ、首脳陣やチームメイトがなかなか本音を語らないのも事実。

現地の専門家たちからは、エプラーの言う一般的な数字に表れない部分についても心配の声が上がっていた。

打者・大谷が変化球にタイミングが合っていないこと。バランスの崩れたスイングをしていること。投手としても、ストライクが入らず自らカウントを悪くしていることなどを指摘した。

アメリカのスカウトが日本人打者に抱く懸念の一つが、速いボールへの対応である。差は縮まってきているが、メジャーの平均球速は、日本のプロ野球に比べて5キロほど速い。なので、日本の投手相手には打てる打者が、メジャーではつまらされたり、タイミングを崩されたりして通用しないケースが出てくる。

逆に速球派の投手の場合も、日本ではカウントが悪くなったら、160キロ近いストレートを甘いところに投げて切り抜けられるかもしれないが、メジャーでは打たれてしまう。ベテラン選手なら「調整だから」という見方もできるが、メジャーでの経験がない大谷にとって、メディアやファンの判断材料はオープン戦の内容しかない。どんなに大谷が日本で圧倒的な成績を残そうが、「メジャーレベルのピッチャーやバッターと対戦していなかった」というのが大方の見方だった。

しかし、当の大谷には全く焦りが見えなかった。オープン戦後のコメントからは、結果よりも、一回一回の登板や打席で成長していこうという姿勢が伝わってきた。自らをまだ未完成だと強く自覚していた。

2018年3月29日の敵地オークランドでの開幕戦、大谷は「8番・DH」でスタメン起用され、メジャーリーガーとしてデビューを果たす。

2回表には、ランナー一塁の初打席の場面で、先発右腕ケンドール・グレーブマンの初球、91・5マイルのカットボールをとらえて一、二塁間を破った。

3日後には、投手として初登板。6回を投げて、6奪三振、1与四球、3失点で、初勝利を手にした。

圧巻だったのは、その後の本拠地エンゼル・スタジアムでの活躍だ。

4月3日、「8番・DH」でスタメン出場した対クリーブランド・インディアンズ戦。1回裏のホーム初打席で、先発ジョシュ・トムリンが内角低めに投じたカーブをすくい上げ、記念すべき初ホームランを右中間スタンドに叩き込んだ。オープン戦での不振が嘘のような見事なスイングだった。

ベースを回ってベンチに戻ってきた大谷だったが、チームメイトたちは、無反応でフィールドを見つめていた。訳が分からない様子の大谷は両手を振ってみるが、誰も反応してくれない。近くにいたイアン・キンズラーの肩を「構って!」とばかりにゆすると、キンズラーも堪えきれなくなり笑顔を見せて大谷を抱擁した。他の選手たちも大谷に群がり喜びを爆発させて祝福した。これは「サイレント・トリートメント」と呼ばれるメジャーの

4回、打者を三振に抑え、拳を握る大谷＝2018年4月1日
(写真提供：朝日新聞社)

1回裏に本塁打を放ち、観客の声援に応える大谷（中央）
＝2018年4月3日（写真提供：朝日新聞社）

習慣で、初ホームランを打った選手を無視するフリをするドッキリのようなものだ。

ホームランを含む3安打の活躍の翌日には、前年サイ・ヤング賞（最も活躍した投手に送られる賞）のコーリー・クルーバーから第2号を放った。そして、続くアスレチックス戦では、3試合連続となる特大ホームランを、エンゼル・スタジアムのセンター後方にそびえ立つ巨大な岩のオブジェに叩き込んだ。

3試合連続の本塁打を放った大谷＝2018年4月6日（写真提供：朝日新聞社）

第3号の次の打席で大谷の名前が告げられると、エンゼルスファンは総立ちになり、その日一番の歓声を送った。大谷が軽く会釈をして打席に入っても、球場内のざわめきは収まらない。日本と違って鳴り物がないメジャーの球場では、観客の反応が肌で感じられる。一球一球の行方を逃すまいと、観客が集中しているのが伝わってくる。シーズンが始ま

本拠地初登板で好投した大谷＝2018年４月８日
（写真提供：朝日新聞社）

ったばかりとは思えない異様な空気だ。「大谷が次に何をやってくれるのか」、球場全体が楽しみでたまらないのが伝わってきた。

ファンのそうした期待感が、２日後の大谷の本拠地初登板には、チケット完売という形で表れた。そこでも、アスレチックス相手に7回まで一人の走者も許さない完璧なピッチングでチームを勝利に導いた。

エンゼルスのファンであるチャッド・ゲーブルさん（32）は、その初登板を生で観戦していた。２００２年にエンゼルスがワールドシリーズで優勝した時以来の熱狂ぶりだったと振り返る。チームが7連勝を含む13勝３敗の好スタートを切ったのも大きい。「一人の選手が、こんなにエンゼルスファンたちを興奮させたのは初めてかもしれない。マイク・トラウト以上です」

開幕からわずか1週間ほどで、エンゼルスファンが大谷の虜にされるという衝撃のデビューだった。

「彼は間違いなくヒーローになる。みんな大谷を愛している」と1970年代からエンゼルスのファンだという同僚がオフィスで話しかけてきた。開幕直前には大谷のオープン戦の不振を見て不安の声も漏らしていた彼だが、そんなものは吹っ飛んでしまったようだ。

地元で高まる大谷人気

大谷の鮮烈デビューから1カ月ほど経ったある週末、妻と息子とオレンジ郡ミッションビエホ市にある屋内モールを訪れた。

そこのSports Treasuresというスポーツチームや選手のグッズを扱う店では、大谷のエンゼルス入団直後には、ショーウィンドーのど真ん中に大谷のユニホームを飾っていた。だが、今回はなくなっていた。

ここはエンゼルスの球場から車で約30分と少し距離がある。「もしかして思ったより人気が出なかったのか」と気になり店内に入ると、他のエンゼルス選手たちのユニホームやTシャツは山ほどあるのに、大谷関連の商品は一つも見当たらない。店員の男性に大谷グッズはないかと尋ねてみた。

彼はTシャツの並んだ棚まで歩いてゆき、一番目立つ場所にぽっかりと空いたスペースを指してこう言った。

「ここにあったよ。でも全部売れちゃった。シーズンが始まってから一番人気なんだ」

その後、球場近くにある Sports Treasures の旗艦店に行っても状況は同じだった。大谷のTシャツは1000枚ほど入荷しても、すぐに売り切れるのだと店員のイライアス・フランコさんが教えてくれた。大谷のTシャツが置いてあったスペースは、マイク・トラウトやアルバート・プホルスといった他のスター選手で埋めているそうだ。130ドル（約1万4000円）くらいする大谷のユニホームも、白の大きめのサイズが数枚残っているだけで、赤とグレーは売り切れだった。

「この店で今最も人気のアスリートは大谷」だとフランコさんは言った。

オレンジ郡では、エンゼルスの他に、ドジャーズやNHLのアナハイム・ダックス、NBAのロサンゼルス・レイカーズ、NFLのロサンゼルス・ラムズといったプロスポーツチームに加えて、カリフォルニア大学ロサンゼルス校（UCLA）や南カリフォルニア大学

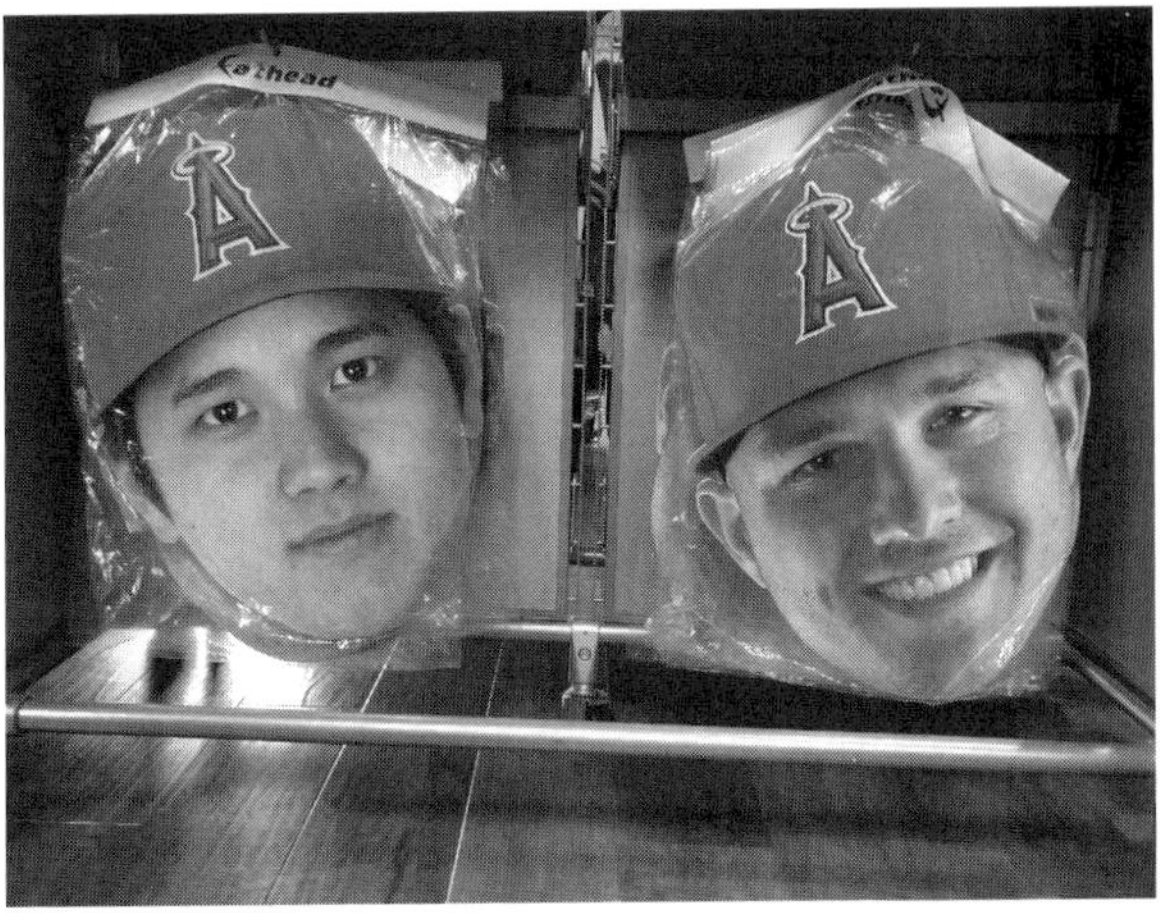

エンゼル・スタジアムのチームストアで売られている大谷翔平とマイク・トラウトの顔写真ボード。既に大谷は野球界のスーパースターであるトラウトと並ぶエンゼルスの人気選手となった

といった強豪大学も人気がある。そうした中でも大谷グッズの売り上げは群を抜いていた。

シーズンが始まるまでは、そこそこの売れ行きだった。しかし、大谷が3試合連続でホームランを打ってからは、爆発的な人気となり、2、3週間で全ての商品が売り切れになった。製造が追いついていないため、急遽、海外から大谷商品を取り寄せたそうだ。

旗艦店の入っているモールには観光客も多く訪れるが、大谷グッズを買う人は日本人やアジア人に限らない。「あらゆる層の人が買っている」とフランコさん。

一つ注意すべきなのは、大谷グッズ

を購入したからといって、大谷の熱狂的なファンだとは限らないということだ。すでにトラウトなどのグッズを持っているエンゼルスファンが、二刀流スターのTシャツやユニホームをコレクションに加えようとしている場合もある。

もちろん中には熱狂的な大谷ファンもいるが、地元ファンの大半はエンゼルスというチームを応援しているのだ。好きな選手を尋ねると、トラウトの他にもう一人という回答が多い。

それでも、球場で「17」を身につける人の数が明らかに増えたのを見ても、1年目の序盤から、地元での大谷熱が高まり始めていたのは間違いない。

驚異的な適応力

飛躍的に打撃が向上した理由の一つは、開幕直前に前足を上げずにタイミングをとるノーステップ打法に変えたことだろう。

「バッティングフォームに関しては、オープン戦からいろいろ取り組んできて、できる限りシーズン中も日本で取り組んできた形の中でプレイしたいなという気持ちはあったんですけど、やっぱり結果が出ないのもそうですし、その内容に関してもあまり自分で手ごたえを感じるということがなかったので、その中で少し変えてみようかなということで取り組んだところがいい方向にちょっとずつ転んで行った」と大谷は振り返っている。

当時の打撃コーチだったエリック・ヒンスキーは、「まずは大谷のことを知ってから信頼関係を築こうと考えていたので、キャンプ中は打撃に関して何も言わなかった」と話す。ヒンスキーは、選手としてメジャー7球団で12シーズンを過ごし、新人王やワールドシリーズ優勝も経験した。

「でもオープン戦がよくなかったから、彼にこうアドバイスした。『君は足を上げることで頭が動いてしまっているんだ。頭がボールに向かって動くと、目線も動いてボールの回転が認識しづらくなるし、球が速く感じてしまう。だから差し込まれてバットが折れたり、力のない打球がレフトに飛ぶんだ』。それを踏まえて、『足をつけたままにして、ボールに向かう動きをなくしたらどうか』と提案したんだ。彼は、まずはどれくらいボールが飛ぶか見てみたいと答えたよ」

開幕直前の打撃練習でヒンスキーのアドバイスを試した大谷は、ノーステップ打法に切り替えた。

「翔平は素晴らしい結果を残しているが、彼の才能や体の使い方や大きさ、強さを考えたら驚くことではない」とヒンスキー。「彼はバッターボックスで大きく見えるし、スコアボードに打球をぶつける長打力を持っているから、ピッチャーは恐怖を感じてミスを犯す」

大谷ほどボールを飛ばす選手をヒンスキーは見たことがないと言っていた。左打者で比較できる飛距離なのは、2010年にMVPに輝いたジョシュ・ハミルトンや通算541本塁打のデービッド・オルティーズくらいだと言う。

「でも大谷の方が飛ばすよ」とヒンスキー。

大谷の打撃練習を初めて見た時のことを私も鮮明に覚えている。日本メディアの記者から「すごい飛距離」と聞かされてはいたが、いざ目の前で見せつけられると衝撃的だった。メジャーの強打者たちと比べても、一人だけドライバーでゴルフボールを打っているかのように軽々とスタンドに運ぶ。しかもセンターや逆方向に。メジャーでも大谷の打撃練習は選手や記者の見物となった。

松井秀喜や岩村明憲とチームメイトになった経験のあるヒンスキーは、日本人の左打者は一塁方向に体が流れるようなスイングをするが、大谷は動きが少ないという。

「彼は基盤となる下半身が安定している。特に膝から下の部分の使い方がうまくて、ヒップの回転もすごい。とにかく力強いんだ。ピッチャーもしていることで、打撃に使う部位を休ませられているのが助けになっているんだと思う。右投げ左打ちということもあって、他の選手よりも体幹が安定している」

シーズンが始まったとたん、ピッチングでも別人のような活躍を見せたが、投手コーチのチャールズ・ナギーはキャンプ中と技術的に変えたことはないと言っていた。ナギーは投手としてインディアンズとパドレスで1990年から2003年までプレーし、129勝を挙げた。

「スプリングトレーニングはあくまで準備期間にすぎない。みんながオープン戦でいい数字を残せるわけではない。大谷自身はキャンプでの仕上がりに満足していたし、自信も持っていた。それを開幕で見せただけ」だと分析した。

襲いかかる怪我

しかし、順風満帆な日々は、長くは続かなかった。

先発登板した6月6日の本拠地カンザスシティ・ロイヤルズ戦、4月にもそれがきっかけで降板した右手中指のマメが再発し、大谷は4回でマウンドを降りた。恒例となっている試合後の会見は中止とエンゼルスの広報担当が発表した。大谷がトレーナーの治療を受けていて、遠征スケジュールに支障が出ないようにチームが決めたのだと伝えられた。

それでも情報を得ようと必死な報道陣20人近くがエンゼルスのロッカールームに足を運んだ。記者たちが見つめる中、トレーナーとの治療を終えた大谷は、いつもと変わらぬ様子で着替えを済ませてロッカールームを後にした。

マメの具合は4月に降板した時ほど悪くない、とマイク・ソーシア監督が試合後に述べたこともあり、その時は大した事態になるとは思っていなかった。だが、その2日後、大谷が右肘の内側を支える靱帯《じんたい》を損傷したと球団が発表。自身初となる10日間の故障者リストに登録された。

マメの治療を受けている際、試合中に出ていたアドレナリンが収まってきた大谷が肘の張りを訴えたのだとエプラーGMは説明した。翌日、遠征に帯同せずに医師に診断を受けたところ、内側側副《ないそくそくふく》靱帯の損傷が発覚。自身から採取した血小板を使って組織を修復するPRP注射などの治療を受けた。少なくとも3週間は試合に出ず様子を見て、その後の方針を決めるとチームは発表した。

渡米前の２０１７年秋にも、靱帯の損傷が見つかっていた。当時の診断は、違和感はあるが手術の必要はないとされる「グレード1」。この時もPRP治療を受けた。それが、今回は靱帯が部分断裂している「グレード2」に悪化していた。「大谷が手術をしないで済む望みを持っている」とエプラーGMは語ったが、現地メディアでは長期的なメリットを考えて大谷が手術をすべきかの議論が起こった。

そこまでの大谷は、投手として9試合に登板して4勝1敗、防御率3・10。打者としては、打率2割8分9厘、出塁率3割7分2厘、長打率・５３５と、主力トラウトに次ぐ活躍ぶり。チームも35勝28敗と勝ち越していた。

「なんだか気が狂いそうです」と大谷離脱の心境を語ったのは、エンゼルスファンのカイル・スミスさん。

スミスさんは大谷の本拠地投手デビュー戦を生で観戦していた。大谷が初回にアスレチックス打線を三者三振に斬って取った時に上がった歓声は、それまでエンゼル・スタジアムで聞いたことがないくらい大きかったという。シーズンが始まる前からエンゼルスのプレーオフ進出は確実だと予想していたスミスさんは、大谷の活躍でその期待が膨れ上がっていたと言う。

「肘の治療を受けていたことは知っていましたが、まさかこんなに早く問題になるなんて」と肩を落とした。

大谷は投手としてリハビリを行いながら、7月3日の敵地マリナーズ戦で、まずは打者として復帰した。

そして、9月2日の敵地アストロズ戦に先発登板し、88日ぶりの投手復帰を果たした。これによって1919年のベーブ・ルース以来で史上二人目となる、同一シーズンで10試合以上に先発登板、10本塁打以上を記録。2回までは無失点に抑えたが、3回に突然、球速が落ち始め、ツーランを打たれて降板した。その3日後、MRI検査で右肘に新たな損傷が発覚し、医者に靱帯再建手術（通称トミー・ジョン手術）を勧められた。手術を受けた場合、２０２０年までは投手として復帰できず、打者としての復帰にも５～６カ月はかかるだろうと言われていた。

　手術の選択肢がちらつく中、大谷は打者として試合に出続けた。鬱憤をバットで晴らすかのように、9月4日から3試合連続でホームランを放ち、9月15日には20号を打った。城島健司の日本出身メジャーリーガーの1年目最多本塁打記録（18本）を塗り替えた。8月までは打率1割7分7厘だった左投手相手にも、対戦機会が増えた9月に入ってからは3割7分5厘と打ちこんでいる（それまでエンゼルスは左先発投手と対戦する時に、大谷をスタメンから外していた。というのも膝故障を抱えながら一塁を守っていたプホルスを休ませるため指名打者で使っていたという事情も絡んでいる。プホルスが手術で抜けてからは、大谷は毎日スタメンとし

2018年９月30日のシーズン最終戦後、大谷翔平を取材する日本の報道陣。大谷の一挙一動を追うため、毎試合、20人以上の記者がつめかけている

て起用されるようになった)。

9月25日、エンゼルスは大谷がシーズン終了後に手術を受けると発表した。

「やらないという方向も含めて、いろんなプランを提案してもらって、最終的には自分で決めました」と大谷は報道陣に語った。「しないならしないに越したことはないと思いますし、それで自分の100パーセントが出せるならやらない方が良いと思うんですけど、そうではないと思ったので、ここで1回、リハビリを含めて、もう一度、一からやりたいと思っている」

医師には、高い確率で、現状もしくはそれ以上の状態になれると言われた。普通の投手であれば、1年以上は試合に出られないが、二刀流の大谷は負担の少ない打者として先に復帰して出場できる。

「もちろん残念な気持ちはありますけど、普通なら1年と半年は試合に出ることが出来ないので、その中で、まだ貢献できるものがあるということは、むしろプラスかなとは思っている」と大谷は述べた。

当然だった新人王受賞

2018年は、エンゼルスファンにとって、またも残念な1年となった。

80勝82敗でア・リーグ西地区5チーム中4位に終わり、最終戦後には球団史上最長の19年間監督を務めたマイク・ソーシアが辞任を表明。現地では、ポストシーズンに進出できなければ、今シーズンで退任だろうと噂されていた（ソーシアは、その後、2021年の東京五輪でアメリカ代表を指揮して銀メダルに導いた）。

そんな中、大谷の活躍は明るいニュースだった。投手としては、10試合で51・2回を投げて、防御率3・31、WHIP（投球回あたりの与四球・被安打数）1・16。ダルビッシュ有が新人王投票で3位を獲得したメジャー1年目に防御率3・90、WHIP1・28だったのと比べても遜色ない。

球速や奪三振率といった味方の守備に左右されない数値でも輝いていた。先発投手で球速101マイル（162・5キロ）以上を3度記録したのは、大谷ただ一人。9回あたりの平均奪三振数は11・0で、50イニング以上投げた先発投手の中では11位。ダルビッシュのメジャー通算成績と並ぶ数字である。

特に大谷のスプリット（フォークボール）は、奪空振り率が55・8パーセントと、先発投手の変化球では最も高かった。ヒットにされたスプリットは、わずか2球だった。

「98マイルのストレートに、打者がお手上げなスプリットを投げられたら、日本だろうがメジャーだろうが関係なく成功する。その上にストライクをとれるスライダーを持っている」と話すのは、米野球専門雑誌ベースボール・アメリカで働くカイル・グレーザー記者だ。

有望な若手選手の分析を担当するグレーザーは、いつか大谷がサイ・ヤング賞を争うような投手になるとシーズン前に予想していた。

「怪我を抜きにすれば、彼は過剰とも思えた期待に見合う逸材であることを証明してくれた」

しかし、現地記者が最も驚いたのが、大谷の打撃力である。

というのも、投手としての大谷の成功は、ある程度予想されていたからだ。ダルビッシュや田中将大などの活躍を見ても分かるように、日本でトップクラスのピッチャーは、メジャーでも通用すると見られている。

一方、メジャーで日本人打者の存在感は薄い。技術の差もあるが、やはり目立つのは長打力の差だ。大谷が日本では桁外れに飛ばすという評価もアメリカに届いてはいたが、メジャーで通用するかは半信半疑な専門家が多かった。

それが蓋を開けて見れば、打者としてもメジャー屈指の長打力を見せつけた。規定打席には達しなかったが、1年目にして367打席で打率2割8分5厘、本塁打22、打点61という成績を残した。

これだけ見ると、どれだけ凄いか分かりづらい。しかし、米国の専門家が重視する指標を見ると、メジャー全体でも十指に入るくらいの結果なのだ。

アメリカでは、打率よりも出塁率や長打率が重視されるようになっている。打率には四死球での出塁が含まれず、単打と長打を同等に扱うからだ。特に注目されるのが、出塁率に長打率を足し合わせたOPS（On-base Plus Slugging）という数値。チームの得点力と高い相関関係にあり、打撃力の分かりやすいものさしとして重宝されている。

私も野球に詳しくない人と観戦している時など、野手がどれくらい活躍しているかを手っ取り早く知りたかったら、OPSを見るようアドバイスしている。だいたいどこのメジャー球場でも電光掲示板に表示されている。

年によっても変わるが、大雑把に言うと・700～・750が平均、・800以上はオールスター候補、・900以上でMVP候補。1・000を超えたら、メジャーで五指に入る強打者だ。

打席数350以上という条件では、大谷の出塁率（3割6分1厘）はメジャー全体で41位、長打率（・564）は7位。そしてOPS（・925）では、なんと9位。それより上位には、マイク・トラウト、ムーキー・ベッツ、クリスチャン・イエリッチなどスーパースターしかいない。

ア・リーグ新人王の記念の盾を受け取った大谷（中央）
＝2019年４月30日（写真提供：朝日新聞社）

なので、日本出身の選手で４人目、２００１年のイチロー以来となる新人王受賞にも全く驚きはなかった。

ライバルと言われたヤンキースのミゲル・アンドゥハー内野手に、打率や打点、ホームランという伝統的な指標では負けていたが、上記のような高度な指標では上回っていたからだ。加えて、怪我をするまではエース級の投球を見せた。そして何より、現代野球では不可能といわれた本格的な投打の二刀流を、とてつもないプレッシャーの中でやってのけた。約１００年もの間、誰もできなかったことを。

「彼は打者として他の新人王候補に負けない活躍をして、それに加えてエース級のピッチングを見せた」とグレーザー記者は大谷の受賞理由を分析した。

　そして、こう付け加えた。

「彼は投打の両方でオールスターに出られる選手。世界一の野球選手になれる可能性を持っている」

　健康でいられるかを別にすれば、大谷の実力を疑う者は、1年目にしてほぼいなくなった。

高まる大谷人気

　1年目の活躍を受けて、エンゼルスファンの間でも大谷の人気は急上昇した。

　一時はプレーオフのような雰囲気に包まれていたエンゼル・スタジアムだったが、チームの勢いが徐々に失速し、大谷も怪我で一時離脱したため熱気は収まった。それでも夏に入ってからは、大谷を生で見ようという日本からのファンが目に見えて増えた。球場の通路を歩いていると、あちこちから日本語が聞こえ、大谷の写真の前で記念撮影を行う日本人を目にするのが当たり前の光景となった。

　大谷の背番号「17」を着て応援する現地ファンの数も増えた。奥さんと二人で最終戦を見に来たダグ・マクロフリンさん（51）もその一人。一番好きな選手だというトラウトの帽子もかぶっていたが、自宅から2時間以上運転して足を運んだ理由は大谷だという。

「娘とは既に観戦しに来たんですけど、まだ妻が大谷のバッティングを見ていないので見せたくて。大谷は過大とも思えた期待に応えてくれました。もっと彼のピッチングを見たかったので怪我は残念でした。でもバッティングもすごいし、エンゼルスに新たな旋風を巻き起こしてくれました」

他のファンも、口をそろえて大谷が期待通り、もしくはそれ以上の活躍をしたと言う。

「大谷は想像していた以上の選手だった」とジム・メスラさん(51)。「とにかくダイナミックな選手で、見ていてワクワクする。投げては100マイル以上を記録するし、打ってはあらゆる方向に強い打球を飛ばせる。長打力があるので、相手ピッチャーは前を打つトラウトとの勝負を避けづらくなります。しかもあんなに足が速いとは知らなかった」

少年野球のコーチをしているメスラさんの目には、大谷を含めた日本人打者たちは、打つ時に体が外に流れているように映る。これはアメリカでは一般的には良しとされない。

「子供たちがそういうスイングをしている時は直すように教えているんですが、大谷はそれで成功している。もしかしたら考えを改めなければいけないかもしれませんね」

期待されていた4年ぶりのプレーオフ進出を逃したエンゼルスだが、ファンからは残念だという声はあっても、チームへの怒りはあまり感じられなかった。地元のファンやメディアから容赦ないバッシングを浴びせられるヤンキースやレッドソックスなどとは異なる。

最終戦の記者会見で、エンゼルスを選んだことに後悔はないかと質問を受けた大谷も、「毎日こうやって球場に来るたびに、やはり来て良かったなと感じる」と答えた。

また、シーズンを振り返って、「毎日、楽しく野球ができた」と語った。新人王をとるほどの活躍をした満足感に浸るよりも、アメリカに来て「足りないところがよく見えてくる」など、成長できる環境でプレーする喜びを口にしたのが印象的だった。

日米の差は、日本でもよく言われるパワーだけではないと言う。

「自分が思っている以上に技術も進歩していますし、自分が考えていた以上に先の技術がすごく多く取り入れられているんじゃないかなと思うので、そこに対してはやっぱり自分が変わってもっと良い方向に変化していかないとついていけない部分が多かったので、そこを理解するのにちょっと時間がかかりましたし、できる限り自分のやり方でやっていきたいなという気持ちはあったので、そことの葛藤はすごくあったかなと思います」

「毎日感じるのはやっぱり、まだまだうまくなれる、そういうところじゃないかなと思うので、キャンプからやってきて、本当にそういうのを感じる日がすごく多い、日本にいた時よりも多いかなと思います」

「悔しい」1年

投手としてリハビリを行いながら、自身初となる打者に専念してのシーズンを送った2019年。手術の影響で、スタートは開幕から1カ月以上も遅れた。

5月7日に試合復帰した直後から、主砲トラウトの後ろの3番を任されたが、スプリングトレーニングやマイナーリーグでの調整を経ていなかったため、さすがに実戦不足で苦しんだ。

それでも徐々に本領を発揮し始め、前半戦を打率3割3厘、本塁打14本、OPS・924と1年目と遜色ない成績で終えた。大谷の復帰は、45勝46敗でアメリカンリーグ西地区4位と、既にプレーオフ進出が危ういエンゼルスにとっては、数少ない明るいニュースだった（前半戦終了間際には、チームの人気者タイラー・スカッグス投手が薬物死するという球界を震撼させるニュースもあった）。

「パワーというより、うまくヒットを打つ能力は私が考えていた以上」とエンゼルスの新監督に就任したブラッド・オースマスも語った。

カメラやレーダーを使って選手やボールの動きを解析できるスタットキャストも、大谷の活躍が運でないことを示していた。

大谷の前半戦の打球初速度の平均は、前年の92・6マイルを上回る93・6マイル。100以上のフェア打球を記録した295選手中4位の数値だった。また、打球の14・2パーセントがバレルと呼ばれる理想の速度と角度の組み合わせを記録。10パーセントを超えれば優れた打者だと言われる。

「コンスタントに強い打球を打てるのは技術」とMLB公式サイトでスタットキャストの調査を専門とするデービッド・アドラー記者は言う。

打球の速度だけでなく方向も、大谷が手術前の状態に戻っていることを示した。相変わらず、他のメジャーリーガーに比べても、センターや逆方向に強い打球を飛ばした。

だが、エンゼルスファンが何より心配していたのが大谷の右腕の状態だった。投打の二刀流を再開してくれることを望むファンたちは、大谷が果敢にスライディングするのをハラハラしながら見守った。

「出塁するたびに重厚なプロテクターを着ける姿を見ると、むしろ不安な気持ちを煽られる」と前出のスミスさん。

しかし、後半戦に入って打撃は失速した。打率は2割6分9厘、本塁打4本、OPS・767。

しかも、シーズン終盤の9月12日には、左膝の二分膝蓋骨《しつがい》の手術をロサンゼルスの病院で受けるとエンゼルスが突然の発表。シーズンの残りは欠場となった。

二分膝蓋骨とは、通常、子供の頃にくっつくはずの膝の皿が、2つの別々の骨に分かれたままの状態を指す。シーズン開幕前の2月には既に違和感を感じていて、リハビリ中に症状がひどくなりチームから手術を勧められた。チームがポストシーズン進出を逃していたことも、シーズン中の手術という決断を後押しした。強度が増してきた投球のリハビリで、膝をかばおうとして腕などを痛めるリスクを避ける狙いもあっただろう。

バットを振ったり走ったりしている時に「気になる」ものの、「ひどい痛みという訳ではなかった」と左膝にギプスをつけて臨んだ術後の会見で本人は説明した。

「痛かったり、痛くなかったりという感じ。すごくひどくなってきたという感覚もなかった。良くなったり、悪くなったりもしますし、悪くなったりもするので。シーズン通して、そういう波があったかなと思います。……ある程度、痛みは続いていたので（手術を）やるならこのオフかなという感じでやっていました」

初年度と数字を比べると、長打の低下が明らかだった（表1-1）。特に、打席数は増えたのに、ホームラン数が前年よりも減った。強い打球は打てていたが、ボールが上がらずゴロになる割合が49・6パーセントと、前年の43・6パーセントよりも増した。ゴロはヒットでも長打になりづらい。

1-1　打撃成績

	2018年	2019年
打席数	367	425
打率	.285	.286
本塁打	22	18
得点	59	51
打点	61	62
盗塁	10	12
出塁率	.361	.343
長打率	.564	.505
OPS	.925	.848

ボールをとらえる位置がキャッチャー寄りで、バット軌道が上向き時にボールをとらえられていなかったと現地の専門家は分析した。手前でボールをとらえて引っ張れば打球も上がる。

シーズンを総括する会見でも、大谷は「悔しい」と何度も口にした。

「全体を通して、なかなか思い通りにいかない試合が多かったので、今までのシーズンの中では一番悔しいシーズンだったかなと思います」

一方、「やれることをやったときは、いい結果が残っている」と手応えも口にした。

成績は低下したが、現地の専門家で大谷の実力を疑う者は現れなかった。

「野球では、ちょっとした変化が良い年とそうでない年の分かれ目になる」とフレッチャー記者。「あと6本くらいホームランを多く打っていたら全く別の評価になっていることから考えても、そんな大した話ではない」

ただし、2017年から毎年、手術を受けていることで、健康状態への心配が増したのは間違いない。

「問題は大谷の体の強さよりも、トレーニングや実戦の負担量」とグレーザー記者はシーズン終了後に述べた。「メジャーで打ったり投げたりするのは大変な作業。それを両方やるというのだから、体が持つのかどうか心配」

コロナとの戦い

大谷が二刀流復活をかけて臨んだ2020年、世界は新型コロナウイルスに翻弄された。メジャーリーグも例外ではなく、異例づくしのシーズンとなった。

3月12日、メジャーリーグはオープン戦の真っ最中に中断。50人以上の集まりをやめるようにとの連邦政府の要請を受けて3月26日の開幕も延期になった。メジャーリーグが中断されたのは、2001年の同時多発テロ以来のことだ。予定よりも4カ月遅れの7月23日に開幕したシーズンは、通常の162試合から60試合に短縮された。

報道陣の活動も大幅に制限された。選手や監督に対面でインタビューすることはできなくなり、Zoomでの会見のみとなった。話を聞くことが仕事の大半である記者にとっては、球場に行く意味がほとんどなくなった。

当初、エンゼルスは、大谷を指名打者で起用しながら、マイナーでリハビリ登板させる予定だった。しかし、開幕が遅れたことで、大谷は最初から先発ローテーションに加わることができた。慢性的な先発投手不足に悩むエンゼルスにとって、投手・大谷の復帰は何よりの朗報である。

「大谷が（指名打者として打線の中軸を担いながら）エリート投手としてマウンドに復帰することは、このチームが強くなるためには絶対に欠かせない」とMLB公式サイトのアンソニー・カストロビンス記者は記事で綴った。

だが、投打ともに期待された活躍はできなかった。

7月26日の敵地オークランドで、693日ぶりの投手復帰を果たしたが、3安打、3四球、5失点で、一つもアウトをとれずに降板した。

続く8月2日の先発登板では、初回を150キロ以上のストレートを投げて三者凡退に抑えたが、2回には三者連続を含む5つの四球を出して2失点を許して降板。最後のバッターに対しては、ストレートの球速が140キロ台に落ちていた。

降板後に右腕の違和感を訴え、翌日にMRI検査を受けた結果、右屈曲回内筋群の損傷と診断された。投球再開まで4～6週間を要するため、シーズン中の投手復帰は絶望的となった。

打者としては、全60試合中44試合に出場。エンゼルスのジェレミー・リード打撃コーチは、大谷の膝は治り、昨年のような痛みの表情は見せなくなった、と開幕前に話していた。「大谷の体とその反応は、これまで見た中で最高の状態」とリード。「このままいけば、打球角度は2018年と同じくらいか、それ以上に良くなると思う。……誰にも負けないくらい安定したスイングを繰り返している」

しかし、結果的には、175打席で打率1割9分、出塁率2割9分1厘、長打率・366、7本塁打。1、2年目よりも、大幅に成績を下げた。OPSはメジャー平均すら下回る・657。

MVP候補たちと肩を並べる打撃を見せた1年目とは対照的だった。

あまりの不振で、チームのポストシーズン進出がかかっていたシーズン終盤ではスタメンを外された。

「ボールを強く叩けていなかったし、ボールを怖がっているかのように腰がひけたスイングが目立った」とフレッチャー記者は述べた。

しかし、打者大谷の不振を責める声は、あまり聞こえてこなかった。

「みんな異例なシーズンだと理解している」とグレーザー記者。「大谷がメジャーで最も才能がある選手の一人であることは、まだ誰もが認めるところ」

選手たちは、コロナの流行で行動が規制され、無観客のスタジアムで試合をしなくてはならなかった。しかも、レギュラーシーズンは、通常時の3分の1となる2カ月に凝縮された。

「（大谷は）チームを助けるために不振から抜け出そうと急いだが、2カ月のシーズンでは必要な調整をする時間が足りなかった典型例だ」と大谷にとってエンゼルスで3人目の監督となるジョー・マドンは擁護した。シーズンが間延びしたことで練習が不十分だった、と大谷も時事通信の取材に答えている（2020年11月24日配信）。

ビデオルームが密になるのを避けるのと、サイン盗みを防ぐため、試合中に映像を見られなくなったことも不振の要因だと言われている。メジャーリーグでは、選手がビデオを見て試合中に修正を図るのが当たり前になっている。大谷も、見送ったボールのコースや自分の打ち方など映像をよく見る。

「毎打席終わったら見るタイプなので、客観的に見れないっていうのは嫌だった」と語った。

クリスチャン・イエリッチやコーディー・ベリンジャー、クリス・ブライアントなど過去のMVP受賞者も不振に悩まされた。

2019年に受けた左膝手術の影響もあった。打撃の軸となる左脚の踏ん張りがきかずに、重心が前に流れてしまっていた。下半身がしっかり回転しないと、飛距離を出すために上半身の捻りを使おうとしてしまい、打率が下がってしまうのだと大谷は言う。

「去年から（コーチに）ずっと言われていましたし、自分でも感じてはいましたけど、術後の1年もあって、なかなかリハビリと並行しながらやっていくっていうのが難しい1年だったかなと。練習もやっぱり最初のほうはできなかったので、なおさらそういうのが出てたのかなとは思います」

投手としては「結果的に見れば、まだ早かったという感覚。実戦で段階を踏んで投げていない状態だった」と本人は振り返った。

「これが他の年だったら、チームの低迷をもっと大谷のせいにするかもしれませんが、今シーズンは短かったので、そんなに責められない」とエンゼルスファンのスミスさんは話した。「ちゃんとスプリングトレーニングで準備できなかった影響もあるかもしれない」

しかし、繰り返される怪我で、二刀流への懸念が高まったのは間違いない。

大谷の二刀流に大きな期待を抱いていたグレーザー記者も、メジャーで投打の両方を続けるのは難しいと考えるようになったとシーズン後に語った。

「大谷翔平には、とてつもない才能がある。それでも2016年以降は、シーズンを通して二刀流をやり通せていない。体に半端ない負担がかかるからだ」

エンゼルスのチーム事情に精通するフレッチャー記者は、慢性的な投手不足に悩むエンゼルスは、打者・大谷以上に、投手・大谷を必要としていると述べた上で、こう付け加えた。

「彼はチームで最も潜在能力の高い投手だから、できる限りのチャンスを与えたいはず。でも、次に（投球に関わる）怪我をしたら、おそらく投手としては終わり」

チームの首脳陣は大谷の二刀流継続をサポートすると言い続けた。しかし、8月下旬から、大谷は試合前に外野と一塁で守備練習を行い始めた。チームも万が一のことを考え始めたのだろう。野手としてやっていくことになれば、強肩でスピードのある大谷を指名打者として使うのはもったいなさすぎる。

さらに、大谷獲得の立役者とも言われるエプラーGMが、シーズン終了直後に解任された。6年連続でポストシーズン進出を逃した責任を取らされた形だ。メジャーリーグのGMは、チームの編成や育成、契約交渉、トレードやドラフトなどを含めた野球面の総責任者である。大谷の起用法にも監督以上の権限を持つ。

「2021年が大谷と二刀流にとって勝負の年になる」というのが現地記者たちの大方の見方となった。

2章　常識をくつがえす快進撃

マリナーズ戦に先発した大谷翔平＝2021年９月26日
（写真提供：朝日新聞社）

「ラストチャンス」の自覚

大谷がアメリカに渡って3年が経ち、現地の専門家やファンの評価は、ほぼ定まってきていた。

「資質に関しては、投打の両方でメジャーでもトップクラス」

投手としては、剛腕揃いのメジャーでも群を抜く球速と、打者がお手上げのスプリットを持ち、いつかはサイ・ヤング賞を争ってもおかしくない。打者としても、これまでの日本人野手の常識を覆す長打力がある。

大谷の二刀流について、「まるで漫画の主人公」という日本人のコメントを目にするが、アメリカでも大谷の能力への評価はさほど変わらない。

「彼はこれまで見たことのある中で、最高の野球選手だ」とメジャー通算251勝を挙げたCC・サバシアは、スポーツメディア「R2C2 is Uninterrupted」のポッドキャスト内で2020年に語った。「だってそうだろ。（ちょっと大袈裟に）900フィートも打球を飛ばして、99マイルを投げられる選手が他にいるか？」

投打でそこそこの成績を残せる選手はいるかもしれないが、どちらも一流というのは大谷だけだ。

しかし、そこには「健康な状態だったら」という但し書きがつく。

ほぼ誰もが才能は認めるが、二刀流という激務に体が耐えられるのかについては、懐疑的な声が大きくなった。メジャーという過酷な世界では、投打のどちらかしかやっていなくても、怪我をせずにいるのは大変なことだ。それなのに162試合を通して両方をやり続けるなんて無理ではないか、そう思って当然である。

「投球に関しては、昨年は心配していた」とマドン監督は2021年のスプリングトレーニング中の会見で打ち明けた。「投げ方や腕の振りが良くなかった。何度か指摘したけど、ストライクゾーンで勝負できるような投げ方にはならなかった。……もしかしたら投打のどちらかに絞らなくてはならないのではないかと心配した」

それまで大谷は、週1回の先発登板の合間に3、4試合に指名打者として出場。登板の前日と翌日は調整や休養のため欠場していた。しかし、2021年開幕に先駆けて、エンゼルス首脳陣は、決められた休養日やイニング数などの制限を設けず、大谷の意思や感覚を尊重して柔軟に起用するつもりだと発表した。あらかじめルールを設けずに、大谷と相談しながら起用法を決めていく。

制限を設けても怪我をしてしまったのだから、もう制限し続けても仕方がないと結論づけたのかもしれない。

マドン監督は、大谷には「今の世代で最も優れた選手の一人になる可能性がある」と称し、自身の役割は「その邪魔をしないこと」だと述べた。

「球数やイニング数などの制限を厳しく設けることで、時に選手が偉業を成し遂げるのを邪魔している気がしてならない。翔平が存分に能力を発揮するには、決まった考えを押し付けて邪魔するのではなく、彼らしさを発揮させてあげなくてはいけない。……監督としての今年の目標は、翔平が偉業を成し遂げる手助けをすること。落とし穴やうまくいっていないことは正直に指摘するけど、彼がのびのびと飛び立てるような滑走路を用意してあげて、邪魔するようなことはしない」

ただし、投手としての調整の方が難しいため、そちらを優先するようには求めるとマドン監督は述べた。投手としての登板スケジュールを組み立ててから、そこに打撃を組み込んでいく。

大谷自身は、制限が取り除かれたことを、チームが与えてくれた二刀流の「ラストチャンス」だと解釈していた、と後に雑誌『Number』（2021年9月発売）に明かしている。

「右肘を手術して2年が経って、リハビリも最終段階になる3年目ですから、そろそろちゃんとした形にならないといけないというところだったでしょう。だからこそ大事にいくというより、思い切っていくみたいな、そういう感じだったのかなと」

代理人のネズ・バレロは、3年目が終わった大谷に例年以上のモチベーションを感じた、と雑誌ベースボール・アメリカの取材に語っている（2021年10月22日配信）。2020年の不振を払拭するくらいの活躍をして「見返してやる」という心構えだったと言う。

「この2、3年は怪我もあってあまり活躍できなかったので、悔しいかなという方が強いですし、1年目も新人王をとらせてもらいましたけど、後半はやっぱり投げてないので悔しいなっていう思いが今年のモチベーションかなと思います」と本人も語った。

「健康で最後まで出続ける」ことを1番の目標に掲げた。

メジャーでのサービスタイムが3年に達した2020年終了時に、大谷は年俸調停権を得た。年俸調停とは、球団と選手の年俸交渉がうまくいかなかった時に、それぞれ希望額を提示して、公聴会で第三者の裁定人にどちらかに決めてもらう仕組みだ。それまでの大谷の年俸は、定められた最低額以上であれば、エンゼルスが一方的に決めることができた。なので、1年目は54・5万ドル、2年目が65万ドル、3年目が70万ドル（コロナによる短縮で25・9万ドル）と、格安に抑えられていた。

期限の1月中旬になっても交渉はまとまらず、調停が申請された。大谷サイドは330万ドル、エンゼルスは250万ドルを希望。これに対するエンゼルスファンの反応は分かれていた。二刀流の大谷は過去に例がないため給与を算出するのが難しい。しかも、最初の3年間は成績の浮き沈みが激しかった。1年目の結果や実力を評価する人にとっては、大谷サイドの要求は「妥当」と映るが、度重なる怪我や2020年の不振で不安になった人は批判的だった（2021年のメジャー平均年俸は417万ドル、中間値が115万ドルである）。

しかし、ギリギリまで交渉を続けていた両者は、予定されていた公聴会の前に2年総額850万ドルで合意した。これによって大谷の年俸は、2021年は300万ドル、2022年は550万ドルに決まった。公聴会では、球団側が自チームの選手の価値を下げるような主張をすることになるため、関係にヒビが入る可能性も出てくる。それを避けられたのは、両者にとってプラスだった。大谷にとってみれば、2年間はプレーに集中することができる。

「両サイドにとってリスクと見返りのある契約だ」とエンゼルスのペリー・ミナシアン新GMは述べた。「我々にとっては道理にかなっていたし、もちろん向こうにとってもそうだ」

オープン戦も気合十分

大谷が今まで以上の決意で2021年に臨んでいるのは、スプリングトレーニングから既に明らかだった。

2020年の不振を受けて、大谷はオフに新しいトレーニング方法を探った。「野球の技術練習から筋力トレーニング、栄養面まで全てを見直した」とバレロ代理人は語る。

2020年サイ・ヤング賞のトレバー・バウアーや、3度のサイ・ヤング賞に輝いたクレイトン・カーショーなど多くの信奉者を持つ「ドライブライン・ベースボール」に通ったのも、その一例だ。ドライブラインはワシントン州シアトルにある野球施設で、最新機器での動作解析などを用いて選手の能力向上を図る。2021年のシーズンを通じて、大谷が重量の異なるボールを壁に投げてウォームアップを行っていた姿を見た方もいるかもしれないが、これもドライブラインの球速を上げるトレーニングの一環である。また、右前腕に同施設の提供するバンドを巻いて、腕にかかる負担のデータを収集した。最適な登板間隔や球数を模索するためである。

栄養面では、血液検査で、自分に合う食品や炎症の起きやすい食品などを分析した。

過去2年のようにリハビリに時間をとられることもなくなり、オフの練習も強度が上がった。

1月中旬くらいから、打者として実際の投手を相手にバッティングをしたり、試合に近い球速でブルペン投球や打者へのピッチングをしたりした。メジャーに来てからの3年間は、オフは一人でマシン打撃などをこなしていた。

「（打撃では）単純に生きた球を見た方がレベルアップにもつながりますし、逆に去年とその前は手術だったので、本来なら日本の時から全然そういう感じで動いてますし、むしろこの1、2年が遅かったという感じかなと思います」

左膝の手術の影響で上半身に頼っていたスイングも、軸となる左脚に体重を乗せられるようになり、下半身と上半身が連動するようになった。

だが、現地の専門家を最も驚かせたのは大谷の肉体だった。

それまでも大谷は他のメジャーリーガーに引けをとらない体格をしていた。しかし、キャンプイン時の筋肉隆々とした上半身や下半身にメジャーのスカウトたちは目を奪われた。脂肪は落ちたが、筋肉は増え、良い意味で更に体が大きくなった。それによって投げる時も打つ時もパワーが増すだろうと予測した。

「オフシーズンに練習している動画を見たら、一目で大きくなったと分かった」とエンゼルスの投手コーチに昇格したマット・ワイズは述べた。「どれくらい体重が増えたか正確には分からないけど、とにかくでかい」

本人は体を大きくしようと意識してはいなかったと言う。2020年のオフは、膝のリハビリが主だったので、負荷の強いトレーニングができずに体重が落ちてしまった。だが今回はダッシュやジャンプ、ウエイトトレーニングで、しっかりと下半身を強化できた。キャンプインの時点で体重は、102キロだと述べた。

「(ウエイトトレーニングの)重量的にも体重的にも18年、19年くらいには戻ってるかなと思います」

その効果も出たのか、これまでとはうって変わってオープン戦でも結果を出した。打ってはバックスクリーンを越える140メートル超のホームランを放ち、投げてはメジャー自己最速を更新する101・9マイル(約164キロ)を叩き出した。打者としては、13試合に出場して31打数17安打(打率5割4分8厘)、5本塁打と打ちまくった。OPS1・604は、10試合以上に出場した選手では2位の数字だ。

投手としては、制球に苦しむ場面はあったが、投げている感覚は「去年より全然いい」と手応えを口にした。靭帯再建手術を受けた右肘も「自分の体になってきている」と述べた。

2020年は大谷のピッチングに不安を感じたというマドン監督も、投球動作が安定して別人のようだと評した。ワイズ投手コーチは、体の変化を理由に挙げた。投球動作や制球に問題がある時は、体幹や下半身の強さが足りないケースが多いと言う。

「今年の大谷は肉体的に仕上がっている」とワイズ。「それが同じ動作を繰り返して自分らしいピッチングをする基盤になっている」

プロに入ってから二刀流を続けてきた大谷にとって、両方をこなしている方がリズムが出ると言う。

「やってて楽しいなとはもちろん思いますし、どちらかやっていない時はなんか欠けてるなという気はすると思うので、ここ2、3年はそういう気持ちだった。投げている方が自然と打席でも集中してる感じがありますし、特に打席ではボール、ストライクの判断がいいと思うので、結果以上に立ってる感じはいいかなと思います」

人数制限はあるが、客席にファンが戻ってきたことも、大谷の気分を盛り上げてくれたようだ。

「ファールボール1つとっても盛り上がってくれたりとか、そういう雰囲気っていうのは、やっぱりお客さんがいないとないと思うので、野球やっているっていう感じはする」とオープン戦の会見で語った。

制限がなくなった起用法についても、コーチ陣と日々の対話を欠かさなかった。

「どう感じているかを、ありのままに私に伝えることに抵抗感がなくなったと思う」とマドン監督はキャンプ終盤に述べた。「遠慮するようなこともない。例えば、『今日は打者として出場したいか？　そして明日の先発登板の時はどうしたい？』と昨日の試合前に聞いたら、『今日は打つのはやめておきますが、明日は投げて打ちたい』とハッキリ言ってくれた。『監督はどう思いますか?』と聞くこともない」

「とにかく正直に話すよう徹底した。『君の感覚を知らなくてはならない。これは君の二刀流なんだ』と。私にはメジャーリーグの投手とDHの両方をこなす感覚なんて想像もつかないんだから」

大谷はメジャーに来てからの3年で「無理しすぎない」ことを学んだ、とミナシアンGMは言う。

「彼は努力家で自分を磨くことに全てを捧げている。そしてチームのために頑張りたいという思いが強すぎて無理してしまうことがある。だから少し力を抜くことも大事だと思う」

大谷にとって成功のカギは健康状態だとマドン監督は述べた。

「何度も強調するけど、健康でいられれば全ての期待に応えられる力を持っている。ピッチングも素晴らしいし、バッティングも素晴らしい。盗塁もできる。健康でいられれば、それが全部できる。このキャンプでそれを見せてくれた」

オープン戦での活躍を受けて、ようやく健康な状態で本格的な二刀流に挑戦する大谷への注目は高まった。しかし、当の大谷はいつも通りの淡々とした姿勢を崩さなかった。

3月29日、オープン戦最終登板となったドジャーズ戦で、指のマメがむけた影響で7失点を与え3回途中で降板した直後の会見でも、焦りは微塵も感じさせなかった。開幕を控えた心境を聞かれた大谷は、こう答えた。

「まだ緊張とかはもちろんないですけど、当日はもちろんするんじゃないかとは思いますし、またお客さんの入った中でできるので、そこもまた楽しみにしています」

いかにも大谷らしいコメントだなと思いながら、どんなシーズンになるのだろうかと私は思いを馳せた。しかし、野球界が大谷フィーバーに包まれる1年になるだろうとは、その時は想像もできなかった。

「リアル二刀流」

2021年の大谷の大躍進を予感させてくれたのは、なんと言っても4月4日の初登板だろう。

本拠地でのホワイトソックスとの開幕4連戦の最終試合、大谷は「2番・投手」でスタメン出場した。アメリカに来てから公式戦では初めてとなる投打での同時出場。いわゆる「リアル二刀流」である。先発投手が上位1、2番を打つのは、1903年9月7日のジャック・ダンリービー以来、118年ぶりだ。

アメリカンリーグで「リアル二刀流」をやるには、指名打者を解除しなくてはならない。その場合、大谷が降板した後は、試合終了まで後続の投手たちが上位で打順に入ることになる。野手の誰かが怪我で出場できない場合は、試合終盤に代打がいなくなる可能性がある。

エンゼルスとしてはリスクの伴う決断だ。それでもやろうというのは、大谷に対する信頼の表れだろう。

指名打者制が採用された1973年以降、ア・リーグの試合で先発投手が打席に立ったのは、他に2009年5月17日のレイズのアンディー・ソナンスタインだけ。当時レイズの監督だったジョー・マドンが、スタメン表の記入を間違えて起きた珍事だった。

大谷自身は、自分で投げている時に打つことを好む。

「(味方に)取ってもらった点と言うのは大事にしたがることもあると思うんですけども、自分で取れるなら、ある程度自分の役割もやったという自信もあると思うので、よりアグレッシブにマウンドでも攻められるかなと思っています」

対するホワイトソックスは投打ともに充実し、優勝候補と目されていた。相手に不足はない。カリフォルニア州のコロナ規制が緩和され、人数制限はあるものの、エンゼル・スタジアムには1年半ぶりにファンが戻った。試合はスポーツ専門局ESPNで全米放送された。

1回表、投手・大谷は四球を一つ与えたが、無失点に抑える。ストレートは、早くも先発投手でそれまでのシーズン最速となる100・6マイルを記録した。

圧巻だったのは、その裏の第1打席。ホワイトソックス先発のディラン・シーズが投げた初球、ボール気味の高めの97マイルのフォーシームをしっかりと引きつけてバットを振り抜いた。ボールが砕けたような音が球場に鳴り響き、矢のような打球が、あっという間にライトスタンドに突き刺さった。打った瞬間に、ホームランだと分かる飛距離137メートルの特大アーチ。球場に来ていた1万2千人のファンからは、コロナ禍で溜まった鬱憤を晴らさんとばかりの大歓声が沸いた。

打球初速度115・2マイルは、スタットキャストが導入された2015年以降にエンゼルスの選手が打ったホームランでは最速だ。わずか1イニングで、大谷は開幕してからメジャーで最も早い球を投げた先発投手、最も強い打球を打った打者となった。

「オープン戦ですら去年の公式戦よりも『試合やってるな』っていう感じはしてたので、やっぱり楽しいですよね」と大谷。「一番のドーピングじゃないかなと思っているので、声援があるかないかは。やっぱり打席でもマウンドでも、どの程度集中できるかっていうのも変わってきますし、球場全体の雰囲気っていうのがボールとかバットにも乗るのかな

投打同時出場を果たした大谷。ホワイトソックス戦で投手として今季初先発し、1回に2号先制本塁打を放った＝2021年4月4日
（写真提供：共同通信社）

と。データでは分からないですけど、あるんじゃないかなと思っています」

　ちなみに、エンゼルスの先発投手がホームランを打ったのは、1972年9月8日のクライド・ライト以来のこと。1970年代後半に読売巨人軍でもプレーしたライトは、「クレイジー・ライト（狂ったライト）」というニックネームでピンとくる野球ファンも多いかもしれない。

　4回表、ツーアウト、走者一、二塁の場面では、7番のルイス・ロバートを相手に一気にギアを上げて100マイルを連発。3球目は92・6マイルのスプリットで空振り三振に仕留め、雄叫びを上げてガッツポーズを見せた。

　まさに「翔タイム（Sho Time）」だった。

「私たちが彼に感じていた可能性を全て実現してみせた」とマドン監督は試合後に述べた。「野球選手として『完全』だとしか言えない。100マイルを超えるボールを投げて、400フィートを超えるホームランを打つ。まさにみんなが期待していたことだ。機会さえ与えられれば、それが可能だと示してくれた。……彼も解放された気分だと思う。完全に試合にのめり込んで伸び伸びとした気持ちで野球を楽しんでいた。見ていても本当に楽しかった」

制約を取り払って伸び伸びとプレーさせることで大谷らしさが出る、とマドン監督はシーズンを通して何度も繰り返した。それが良い結果につながるのだと。

ただし、すべてがうまくいった試合ではなかった。

5回表には、二死満塁の場面で、4番ヨアン・モンカダから空振り三振を奪うが、捕手のマックス・スタッシがボールを後ろにそらす。エンゼルスの守備がもたつく間にホームを狙ったホセ・アブレイユが大谷と交錯。大事には至らなかったが、3対3の同点で無念の降板となった。92球を投げて与四球5、奪三振7、失点3。最速101・1マイルを含めて、100マイル以上を9度も記録した。

後に多くの人が、2021年の大谷の活躍で最も印象に残った試合に挙げている。マドン監督もその一人だ。

「あのホームランがすべての疑問を払拭してくれた」とシーズン終了直前に語った。「二刀流ができるか懐疑的な人も多かったのは知っている。自分もそういう声を聞いていたから。でもあの一振りで黙らせた。あれ以来、誰もが可能だと信じられるようになった」

1072日ぶりの白星

打者・大谷は、開幕から打ち続けた。

前シーズンと対照的な好調ぶりが顕著に表れたのが、4月12日の敵地ロイヤルズ戦での一打だ。

この日は猛打賞となる5打数3安打。スコット・バーロウの95・1マイルの高めのシンカーをとらえ、打球は低い弾道であっという間にライトフェンス手前に飛んでいった。その初速度は自己最速となる119マイル。スタットキャストの計測で119マイル以上はジャンカルロ・スタントン、アーロン・ジャッジ、ゲーリー・サンチェス、ネルソン・クルーズの4人しか記録していない。全員、メジャー屈指のパワーヒッターだ。

「しっかり下半身で振らないと、ああいう打球は打てないのかなと思うので、去年だったら引っ張りきれてないのかなという感じ」と大谷は述べた。

MLB公式サイトでデータ分析を担当するアドラー記者も、弾丸二塁打には度肝を抜かれたと話した。

「あれだけ強く球を打つことは、メジャーでも一握りの選手にしかできない」

「好調の波が来て、ホームランを量産するのは時間の問題」と試合後にマドン監督は予想したが、夏にかけてその通りになった。

投手としては、シーズン序盤は制球難に苦しんだ。

問題は、「メカニクス」だと本人は話していた。メカニクスとは「投球動作」のこと。大谷は足の踏み込みや腕のテイクバック、ボールのリリースなどを個別に見るのではなく、一連の動作として考えるようにしている。それがぎこちないということなのだろう。2年以上も、まともに実戦で投げていなかったのだから当然である。

4月20日、2度目の登板となるテキサス・レンジャーズ戦では、4回を投げて7つの四死球を与えた。制球は「0点」との自己評価だったが、それでも7つの三振を奪い、安打をわずか1本に抑え、無失点で仕事を終えた。

「それだけ球自体は打ちづらいということ」とマドン監督。「だから四球を与えても切り抜けられる。ホームランや強い当たりのヒットを何本も打たれることはない。制球が落ち着いてきたら、球数が減ってゲーム終盤まで投げられるようになる。絶対そうなるよ」

こちらの予想も的中する。

エンゼルスに新加入し、大谷の女房役を務めたカート・スズキは、2007年にメジャーデビューしたベテラン捕手である。2019年にはワシントン・ナショナルズでワールドシリーズ制覇に貢献したスズキも、大谷の球質を称賛する。ナショナルズでチームメイトだったマックス・シャーザー（3度のサイ・ヤング賞）やスティーブン・ストラスバーグ（2019年の最多勝、ワールドシリーズMVP）に引けをとらないという。

「正直いって、これまで受けた中でも最高の部類に入るよ」

4月26日の敵地レンジャーズ戦では、1921年6月13日のベーブ・ルース以来初となる、本塁打でメジャー首位につけての先発登板を果たした。

1回裏に制球難とスリーランで4点を許すが、それ以降は見違えるような投球を見せた。5イニングを投げて、被安打3、奪三振9。回を重ねるごとに動作が安定してきて、制球の良くなったストレートで追い込んでから、スプリットやスライダーで三振を奪った。

打者としては、2安打と1四球で自ら3度ホームを踏んだ。2回表、一塁線沿いに初速度113・8マイルの痛烈な二塁打を放った後、6回表には自身の判断で三塁線にセーフティーバントをするのだから、相手としてはなす術がない。盗塁もしようとしたが、さすがに監督に止められた。

「今日の彼の活躍を見て楽しめなかったとしたら、野球というスポーツを見ても楽しめないということだ」とマドン監督。

この日のように、大谷が試合序盤に打ち込まれて、早いイニングで降板することになった場合、DHを解除したエンゼルスは打順の上位に救援投手が入ることになる。

「それでもリスクをとる価値がある」とマドン監督は試合後に述べた。「今夜を見ても、（大谷の）打撃が勝利に大きく貢献した。時には賭けに出るのも必要なんだ」

エンゼルスは9対4で勝利し、大谷も2018年5月20日ぶりの白星を手にした。だが、初回の大量失点もあり、「手放しでは喜べない」と述べた。勝利の瞬間にはグラウンドにはいなかった。ベンチの裏でトレーニングをしていたと言う。

「1試合で何かが変わるということはもちろんない」と大谷。「何事も積み重ねですし、1試合1試合、翔平が出てる試合は勝ちになるゲームが多いなと思ってもらえるように、そういう仕事が1打席1イニングずつできるようにやっていきたいなと思います」

止まらぬ活躍

5月に入っても、ピッチングでは同じ展開が続いた。試合序盤に制球難に苦しんで四球や失点を許すが、球数が増えるにつれてリズムやフォームが安定していった。

メジャーの一流投手は、ストライクゾーン内にどんどん球を投げて勝負することで球数を抑える。その鍵になるのがストレートの制球力だ。これがあると、打者も早いカウントから打ちに行かざるをえなくなり、変化球の効果も増す。大谷で言えば、100マイル近くのストレートが狙ったところに行っていると、落差のあるスプリットも振ってもらえる。

5月5日、本拠地でのタンパベイ・レイズ戦は、チームは3－1で敗れたが、先発投手として5回を投げて、被安打1、与四球6、奪三振7で無失点に抑えた。

5月11日の敵地ヒューストン・アストロズ戦では、それまでで最長となる7回を投げた。与えた四球はわずか1個で、失点はホームランでの1点のみ。10個の三振を奪った。

「投げ始める前はちょっと体が重いと思ったのですけど、それがちょうどいい感じで行けた」と大谷。「メカニクス的にも効率よく投げられましたし、元気でガチャガチャ投げるより、うまくまとまっていたかなと思います」

降板後、8回にはメジャーで初めてライトの守備についた。次の回、もう1度打席に立つためだ（4月24日に、メジャーで初めてレフトで外野を守ったが、その時は野手が足りなくなって緊急での起用だった）。大谷の外野起用について、マドン監督は慎重である。疲労や怪我の心配があるからだ。

例年と違い、ほとんど休むことなく試合に出続けていた大谷だったが、時差によるだるさを除けば「疲労感はない」と答えた。

5月16日の強豪ボストン・レッドソックス戦では、9回表にチームを勝利に導く逆転ツーランを放ち、熱狂的ファンの多いフェンウェイ・パークで存在感を見せつけた。試合後には、メジャーに来て最も重要な場面で打てたホームランだと語った。

翌17日、本拠地に戻ってのインディアンズ戦では、13号ホームランを打ち、日本人メジャーリーガーで初めて本塁打数で両リーグ単独トップに躍り出る。試合後のヒーローインタビュー中には、観客席から「MVP」コールが飛んだ。

5月27日には珍事が起きた。オークランドでのアスレチックス戦に登板予定だった大谷は、宿泊していたサンフランシスコからチームバスで移動中に、交通事故渋滞に巻き込まれた。スズキ捕手、水原一平通訳、トレーナー、そして警備担当とバスを降りて電車に乗ったが、乗り間違いもあって到着が遅れ、先発は翌日にスライドされた。マスクをしていたこともあってか、野球界のスターが電車に乗っていても誰も気づかなかったようだ。

「何もなかったですね、アジア人が乗ってきたぐらいの感じで」と大谷は乗客の反応を振り返った。

5月終了時点で、打者・大谷の成績は、206打席、49安打、15本塁打、打率2割6分3厘、出塁率3割3分、長打率.597、OPS.927。

短縮された2020年シーズンの175打席を、あらゆる面で上回っていた。目を引くのが長打の増加だ。要因の一つは、打球角度が上がり、長打になりづらいゴロが減ったこと。しかも球を強く捉えられるようになった。95マイル（約153キロ）以上の打球が前年の42・7パーセントから50パーセント以上に増えた。

打撃に関して大谷が変えたことの一つが、試合前のグラウンドでのバッティング練習をやらなくなったことだ。屋内で動きの確認程度にとどめるようになった。外でバッティングをすると、どうしても遠くに飛ばしたくなって余分な動きが増えてしまうと言う。

「振れてないなと思った時には、もちろん外で打つのも大事だと思うんですけど、今の状態だとそこまで必要ないのかなと思っています」と大谷。

打撃ケージでティーに乗せたボールやピッチングマシン相手に打つ方が、順番待ちをすることなく時間を有効に使える。限られた時間内に、投打両方の練習をするための策でもある。

投手としては、制球難には悩まされながらも、7試合に登板してエンゼルスの先発陣ではナンバー1の防御率2・72で5月を終えた。

特に、変化球を投げて勝負が決まった時の被打率は、5月23日時点でリーグトップの0割5分5厘（55打数3安打）だった。スタットキャストのデータを見ると、スライダーのキレが大幅にアップしていた。2018年は平均38センチだった横の変化が、平均49センチに増えていた。さらに、スライダーよりも曲がりの幅は小さいが速さはストレートに近い「カッター」も、今シーズンからレパートリーに加えた。

「昨年は落ちて心配されていた球速も戻り、それが変化球をより効果的にしている」とアドラー記者は分析した。

5月31日、サンフランシスコのオラクル・パークで行われた、エンゼルス対ジャイアンツの一戦を、私はプライベートで家族とスタンドで観戦していた。

その日は、ナ・リーグの本拠地ということで、普段は指名打者として出場する大谷はベンチスタート。絶好調のジャイアンツがエンゼルスを6－1でリードして9回表二死になったところで、大谷が代打で投入された。

私はジャイアンツのファンに囲まれて座っていたのだが、大谷の名前がアナウンスされるなり、周りからは歓声が上がった。結果が見えた試合に興味を失っていた観客は、一斉にバッターボックスに視線やスマホを向けた。

前に座っていた数人の女性は状況を理解できていないようで、一緒に来ていたジャイアンツの帽子を被った男性が、「彼は大谷と言って100年くらい誰もやっていない投打の二刀流をやっている。信じられないアスリートなんだよ」と熱心に説明した。

ランナーなしにもかかわらず、ジャイアンツのニック・トロピアーノ投手は、まともにストライクを投げず四球を与えた。すると本拠地のファンは、トロピアーノにブーイングを浴びせた。大谷が敵味方に関係なく、あらゆる野球ファンの注目の的になったことを象徴する光景だった。

私自身、開幕からの2カ月を見ていて、2018年の鮮烈デビューの時に似たワクワク感を感じていた。

もう目が離せない

6月に入ってからの大谷の活躍は、まさに「異次元」だった。

投球では、メカニクスが安定してきて、課題だった制球力が上がった。無駄なボール球が減り、球数を抑えられるようになった。その結果、6、7回まで持つようになった。

6月4日、本拠地マリナーズ戦に登板し、6回を76球で投げきり、2勝目を挙げた。1イニングあたり、15球以内で終えられれば上出来と言われるので、かなり省エネである。10個の三振を奪い、メジャーに来て初めて一人も打者を歩かせなかった。

「ストレートの制球が良くなったのが好投の理由なのは明らか」とマドン監督。「それで他のボールも活きてくる。スプリットやスライダー、カッターもより効果的になる。ストレートでのストライクを警戒しなくてはならないから」

大谷もストライクゾーン内で打者と勝負することを意識していた。

「今回も（打者）1巡目は真っすぐを基本的に多めに投げたので、2巡目以降に変化球が通りやすかったのかなと感じました」と語った。

6月11日、敵地アリゾナ・ダイヤモンドバックス戦では、「2番・投手」として、DH制のないナ・リーグの球場で初登板を果たした。エンゼルスにとっては、二刀流を最も活かすことができる試合だ。ナ・リーグの球場で、先発投手が1～4番を打つのは史上初のことだった。

この日は、乾燥したアリゾナの気候でスライダーが抜け気味で、スプリットもあまり落ちず、「騙し騙しやっていた」と語った。それでも5回を2失点に抑えた。

5回二死、一、二塁の場面では、プレートを外し二塁へ牽制の仕草を見せて、メジャーで初のボークをとられた。珍しく不服な表情を浮かべ、「なぜ？」とのジェスチャーを見せた。その直後にも、投球動作に入る前に静止しなかったとして、またもボークを宣告され得点を許した。

試合後には、「久々にマウンドでイライラしてしまったっていうところがあるので、その辺まだまだだなという感じ」と話した。

だが、捕手のスズキは、感情を露わにした大谷をポジティブに見ていた。

「まだ一緒にやって数カ月だけど、翔平があんなに感情をむき出しにしたのは初めて見た。ああいう激しい闘争心をもっと見たい。普段は物静かだからね」

バットでもチームに貢献した。

3回の第2打席、右膝に自打球を当てて苦痛の表情を浮かべた直後に、初速度114・9マイルの強烈なライナーで右中間へ適時二塁打を放った。7回にも、もう少しでホームランという当たりのツーベースを打った。この日の大谷は、初速度100マイル以上の打球を3回記録した（ちなみに、その日の投手の球速トップ5も全て大谷だった）。

「打席に関してはほぼ満点だった」との自己評価だった。

6月に入ってからの打者・大谷は、ボールの見極めが良くなり、警戒されてストライクゾーンの球も減ったため四球が増え始めた。5月は出塁率3割3厘～3割3分を推移していたのが、3割5分以上に上がった。甘い球を見逃さなくなり、本塁打も量産体制に入る。

6月17日のタイガースとの4連戦の初戦には、収容人数4万5千人の本拠地エンゼル・スタジアムで人数制限が解除された。大谷は登板を任された。

主力のトラウトやアンソニー・レンドーンが怪我で離脱していたため、エンゼルスの試合を見にくるほとんどのファンの目当ては大谷である。試合前、大谷が投球練習をするレ

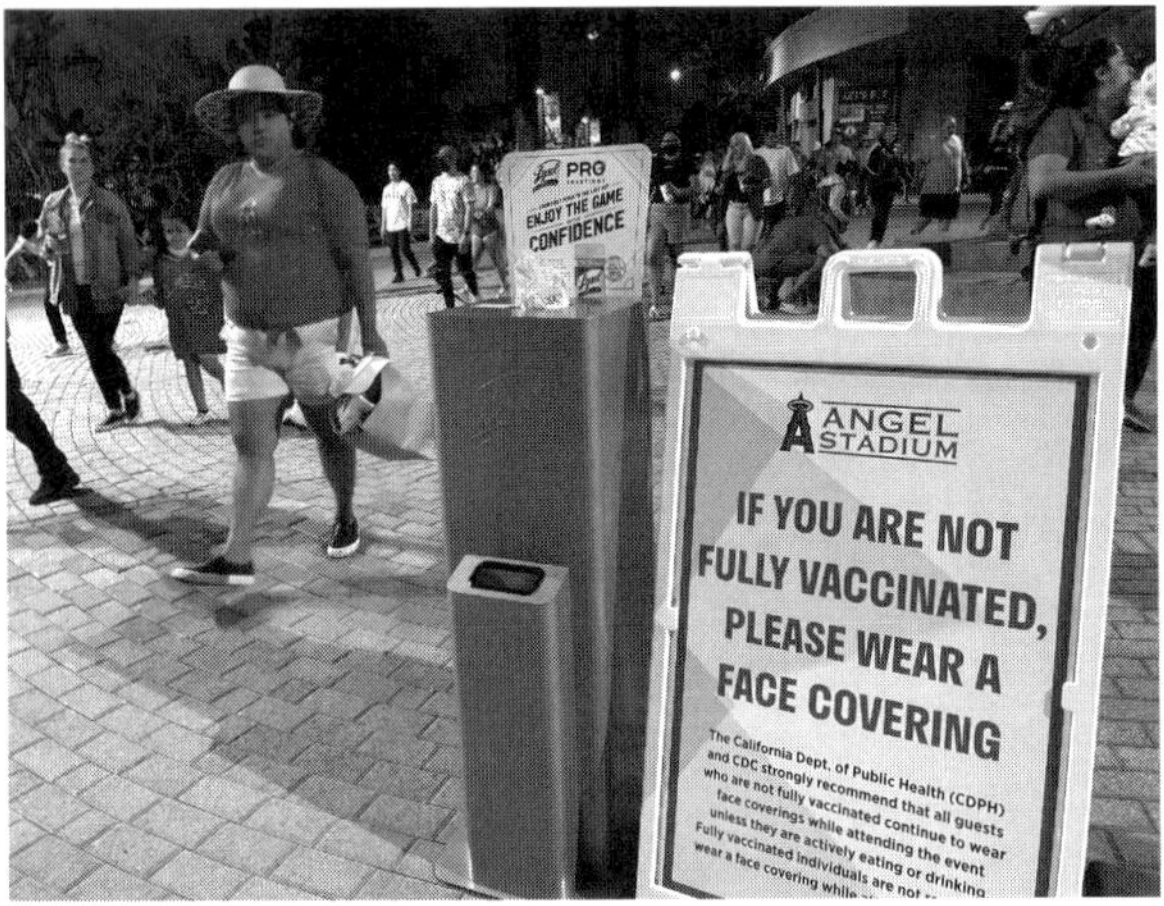

2021年６月17日にエンゼル・スタジアムの人数制限が撤廃された。ワクチンを受けていない入場者はマスクをつけるよう促す看板が設置してある

フトスタンド前方にあるブルペンの周りは、スマホのカメラを向けるファンで埋め尽くされた。

大谷は６回を１失点に抑えて、チームの３連敗をストップさせ、自身も３勝目を手にした。満員とはならなかったが、３万人以上の観客の前でプレーできて、「打席でもマウンドでもより集中できる」と話した。エンゼルスの攻撃中には、観客のウェーブが自然発生。球場全体を巻き込んで５、６周し、大盛り上がりだった。

それまでは、エンゼル・スタジアムに大谷のユニホームなどを着て来るのは、日本人のファンが多かった。しかし、２０２１年になって「17」や大谷グッズを身につけて応援する日本人以外のファンが急増した。大谷の名前が呼ばれると、一際大きい轟きのような歓声が上がり、打席に立つ度にMVPコールが起こった。

「私たちはファンのために野球をやっていることを忘れてはいけない」とマドン監督。

「このイベントを盛り上げてくれるのはファンなんだ。ファンが応援してくれたり、ダメな時にはブーイングをしてくれたりしなければ、楽しさなんてない。それが戻ってきたのは素晴らしいこと。当たり前だと思わないようにしないといけない」

初の月間MVP

6月23日、大谷は本拠地でのジャイアンツ戦に「2番・投手」で出場。ア・リーグのチームがDHを解除し、ナ・リーグのチームがDHを使うのは史上初めてだった。大谷の二刀流がいかにユニークかを物語る珍事である。

6月末の敵地ニューヨークでのヤンキースとの3連戦は、大谷フィーバーがほぼ最高潮に達した時に行われた。大谷がヤンキー・スタジアムでプレーするのは2018年以来のこと。その際は、大谷がヤンキースを選ばなかったのに不満だった地元ファンからブーイングを受けた。しかし、今回は違った。28日の初戦、先発メンバー発表で名前がアナウンスされると、ブーイングよりも歓声が大きかった。「歴史的偉業を成し遂げようとする大谷の活躍を生で見たい」との期待が遺恨を上回った。

それに応えるかのように、第1打席でライトスタンドに綺麗な放物線を描く26号を放ち、第2戦でも2本のホームランを打ってホームラン数で両リーグを通じて、単独トップに立った。野球を見る目が厳しいことで有名なヤンキースファンもあっけにとられた。

30日の第3戦、大谷は「1番・投手」でヤンキー・スタジアムでの初登板に臨んだ。大谷が最後にヤンキー・スタジアムで登板する予定だったのは、2018年5月に遡る。その際は、疲労を理由にチームが登板を回避させた（2週間後に靭帯損傷が判明）。すると、地元タブロイド紙は「何を怖がってるんだ？」との見出しで揶揄《やゆ》していた。

見返したいところではあったが、この日の大谷は制球が定まらず、初回に2安打、5四死球で自己ワーストの7失点を喫し、二つのアウトしかとれず降板した。エンゼルスは9回に7点をとる大逆転劇で勝利を収めたが、大谷にとっては悔しい一日となった。

ヤンキー・スタジアムで投げるプレッシャーはなく、体調も良かったが、慣れないマウンドの傾斜で状態が突っ込み気味になってしまったと本人は分析した。

「長いシーズンの中でこういう難しいゲームというのも必ず来ると思うので、その中で一つ切り替えられるかどうかも大事ですし、また何回もチャンスがあるところではあると思うので、そうなった時にいいパフォーマンスが出せるように頑張りたいと思っています」

といつものように淡々と語った。

その二日後、大谷は初めてア・リーグ月間最優秀選手に選ばれる。

6月は打者として25試合に出場して、ホームラン13本、打率3割9厘、出塁率4割2分3厘、長打率・889、OPS1・312という圧倒的な成績を残したのだから当然である。特に後半は14試合で11本と、毎日のようにホームランを打っていたため、「今日も打つのではないか」と大谷の打席になるたびテレビの前にかじりつく野球ファンは多かった。

7月2日、本拠地に戻ってのボルティモア・オリオールズ戦では、ヤンキース戦での登板の鬱憤を晴らすかのように、打撃で大暴れする。

左右に29号と30号を放つと、同点で迎えた9回裏には、四球で塁に出て二盗を決めた。ジャレッド・ウォルシュがライト前にヒットを打ち、快足を飛ばし果敢にホームを狙った。浅いところからの返球だったので、私も見ていて「無茶だ、とても間に合わない」と思った。だが、大谷は間一髪でキャッチャーのタッチより早くホームにスライドして得点。地面に仰向けのままガッツポーズで勝利を喜んだ。全てを高レベルでこなす2021年の大谷を象徴する試合だった。

7月4日には、31号を打って松井秀喜の日本人シーズン最多本塁打に並んだ。開幕から83試合と、ほぼシーズン中間地点でのことだった。

「小さい頃から見ていた憧れていた選手に並べたっていうのはすごく嬉しいことだなと思います」と大谷。「ただ、まだ前半なので、一歩一歩、前回から言っている通り、積み上げていけたらなと思っています」

7月6日には、本拠地でレッドソックスを相手に登板した。7回、89球を投げて、無四球の2失点。ヤンキー・スタジアムでの悪夢を全く感じさせず、4勝目を手にした。

「ムキに三振をとらないようにっていうのは気をつけてたので、そういう意味でもいい感じの球数で調整できました」と大谷。三振を狙うと、どうしても球数が増えて長いイニングを投げられなくなってしまう。

日米通算50勝を達成したが、本人はあまり気にする素振りはない。

「あまり数えたりはしていないので分からない」と答えた。

翌7日には、32号を打って、日本人シーズン最多本塁打記録を更新。エンゼルスOBでもある松井秀喜は、球団を通じて次のような祝福コメントを送った。

「シーズン32本塁打は、大谷選手のバッティングをもってすれば、ただの通過点にすぎないと思います。大リーグでは私も長距離打者とは呼ばれたことはありましたが、彼こそが真の長距離打者だと感じます。また、大谷選手は素晴らしいピッチャーです。大リーグの常識を変えた唯一無二の存在です。今後もファンの方々や少年たちの夢を背負い、シーズンを乗り切ってほしいと思います。私もいち野球ファンとして、楽しみにしています」

自身もメジャーで10年間を戦った松井の言葉は、端的に大谷の凄さの本質をとらえていた。

「史上最高のシーズン」

前半戦の注目を一身に集めた大谷は、ファン投票の指名打者部門で63パーセントと圧倒的な得票率でオールスター出場が決まった。選手間投票での投手部門でも選ばれ、史上初めて投打での選出となった。

打者・大谷は84試合に出場して、ホームラン33本（メジャー1位）、長打率・698（メジャー1位）、打点70（メジャー3位）。加えて、ア・リーグ8位の12盗塁を記録していた。オールスター前に、32本塁打以上、12盗塁以上を記録したのは、大谷が初である。

投手としては、13試合に登板し、67イニングを投げて、防御率は3・49とエンゼルスの先発投手陣ではナンバー1の成績を残した。ヤンキース戦で7失点するまでの防御率は2・58だった。

マドン監督は6月の大谷の打撃を、史上最高の打者として名前が挙がるバリー・ボンズやケン・グリフィー・ジュニアになぞらえた。彼らが絶好調の時は、全てのスイングがホームランになるんじゃないかと思わせてくれるのだと言う。

「でも違うのは、（大谷が）ピッチングもできるということ。守備だってやろうと思えば、ゴールドグラブ賞をとれるくらいの能力がある」

投手陣の崩壊やトラウトやレンドーンなど主力の相次ぐ離脱にもかかわらず、エンゼルスが勝率5割を保って前半戦を終え、ポストシーズン進出の可能性を残せているのも、ほぼ大谷一人のおかげだと番記者のフレッチャーは語った。

現地記者の間では、「現時点でシーズンが終わったとしたら大谷がア・リーグのMVP」という見方で、ほぼ一致していた。

6月末から7月上旬にかけて、大谷がア・リーグ記録となる21試合で16本のペースでホームランを量産していた時あたりから、オールスター戦が近づいていることもあり、全米のあらゆるスポーツライターが大谷を取り上げるようになった。

「大谷翔平は、野球史上で最高のシーズンを送っているか？　答えはイエスだ」とロサンゼルス・タイムズの名物コラムニスト、ビル・プラシュキーは書いている。

「彼は近所の少年野球のスターのような活躍をしているけど、ここはメジャーリーグなんだ。草野球映画のヒーローみたいだけど、これは現実なんだ」（2021年7月7日配信）

ウォール・ストリート・ジャーナル紙のジャレッド・ダイモンド記者は、「エンゼルスのスター、大谷翔平はベーブ・ルース以来で最高の二刀流選手ではない。ルースを上回っているのだから」との見出しで記事を書いた（2021年7月12日配信）。

通算最多奪三振記録を持つノーラン・ライアンの速球と、4度の本塁打王に輝いたケン・グリフィー・ジュニアのパワーを大谷は持ち合わせているとたとえ、「（大谷は）日本のベーブ・ルースではない。初めての『大谷翔平』で、彼のような選手は他にいない」と述べた。

ニューヨーク・タイムズ紙のスポーツコラムニスト、カート・ストリーターは、「幅広い人気を失った野球だけでなく、アメリカという国が、今まさに大谷を必要としている」と記事で主張した（2021年7月12日配信）。

アジア系住民への差別が表面化する中、「アメリカの国民的娯楽を謳い続ける野球に、圧倒的実力のアジア人アスリートが舞い降りた」ことは大きな希望になると言う。

スポーツ専門局ESPNの人気コメンテーター、スティーブン・A・スミスは、大谷は通訳を使っている限り野球の「顔」にはなれない、と発言してアジア人コミュニティーから批判を受けた。これが大きく話題になったこと自体、大谷の注目度の高さを物語っている。

スターを作り出せない、宣伝下手などと揶揄されるメジャーリーグ機構（MLB）も、大谷を売り出そうと本腰を入れ始めた。
大谷を二刀流でオールスターゲームに出場させるためだけに特別ルールを採用。また、CMを作ってSNSなどで拡散した。「大谷のためのオールスターゲーム」と言わんばかりの演出だった。
「私たちは、ずっと翔平に目をつけていました」とMLBのマーケティング担当上級副社長のバーバラ・マクヒューさんはCNBCの取材に語った。「大谷の活躍を最大限に活かして、大きく話題になるよう心がけています。彼は野球史の中でも、最もユニークで革命的な選手の1人です」(2021年7月13日配信)
そうした熱狂が渦巻く中、大谷はオールスター開催地デンバーに降り立ったのである。

激闘・ホームラン競争

大谷は、オールスターゲームの前夜に行われたホームランダービー(競争)にも、日本人としてのみならず投手としても初めて出場した。

招待制のホームランダービー出場には、不安の声もあった。疲労がたまったりスイングが乱れたりして調子を崩すという意見もあるからだ。短時間に何十回もホームランを狙って強振することで体に負担がかかるのは間違いない。

だが、こういう見方もできる。そもそも招待される選手の多くは、維持できないくらいのペースで前半戦にホームランを量産した選手なので、後半になって失速するのは普通だと。それにたった数十回の強振でスイングが乱れるのであれば、それを直すのも簡単なはず。専門家の間では、後半戦の不振とは関係ないという見方が有力である。

今回初めて依頼を受けたという大谷も、「出てみたいなという気持ちの方が強かった」と述べた。ちなみに、2016年には日本のホームランダービーで優勝している。

「単純に日本人が出ているところを見てみたいなと、まあ僕じゃなくても、ていう単純な理由なんですけど。実際に自分が出られるなら出られるで、すごくワクワクしてますし、自分でも楽しみにしています」

クアーズ・フィールドは、標高1600メートルの高地にあり、気圧の低さや乾燥した空気の影響もあって、打球がよく飛ぶ球場として知られている。2018年には、大谷がクアーズ・フィールドで試合前にフリー打撃を行った際、上段席に軽々とボールを運び話題になった。ダービーでの活躍にも期待が高まっていた。

前半戦のホームラン数で首位だった大谷は第1シード。一回戦はナショナルズのホアン・ソト外野手(22)と対戦した。19歳でメジャーデビューしてから、毎年、4割以上の出塁率を記録し続けるメジャーの将来を担うスターの一人だ。

オールスター戦前日、恒例の本塁打競争に日本選手初出場を果たした大谷（写真提供：共同通信社）

大谷の投手役はエンゼルスのジェイソン・ブラウン・ブルペン捕手、捕手役は水原通訳が務めた。

先行のソトは最初の3分とボーナスタイムの1分で22発を放ち、大谷にプレッシャーを与えた。大谷は序盤なかなか打球が上がらず、1分が過ぎた時点でわずか1本しかホームランが出なかった。フィールドでのフリー打撃を行わなくなっていたため、距離感がとれなかったと言う。

そこから徐々にペースが上がり、ボーナスタイム終了間際に何とかソトに追いついた。タイム中には、チームメイトのトラウトから激励の電話があった。花巻東高等学校の先輩である菊池雄星からドリンクの差し入れもあった。しかし、肩で息をしながら、腰を曲げて苦笑いを浮かべる大谷の消耗ぶりは明らかだった。

1分間のタイブレークでも、両者6本ずつで決着がつかなかった。続く3スイング勝負で、ソトが全てを柵越えし、大谷は一発目で打てずに勝負がついた。

アメリカに来て初めてのホームランダービーは「楽しかった」ものの、「シーズンよりも疲れた」と語った。その後、大谷はダービーで得た参加金15万ドルを、感謝の気持ちとしてチームスタッフに寄付した。受け取ったのは、約30人のトレーナー、クラブハウスや広報などの職員である。

ちなみに、大谷に勝ったソトは、前半戦は11本塁打だったが、後半戦に18本とペースを上げた。ナ・リーグのMVP投票でもブライス・ハーパーに次ぐ2位の活躍ぶりだった。

「大谷づくし」のオールスターゲーム

激闘のホームランダービーから24時間も経たないうちに、大谷は今度はクアーズ・フィールドのマウンドに立っていた。

ア・リーグの「1番・DH」で先発出場し、特別ルールで先発投手も務めた。先発投手が1番を打つのは、オールスター史上初めてのこと。現地のテレビ中継でも、ことあるごとに大谷の話題に触れ続けた。試合前の選手紹介で名前が呼ばれると、球場を埋め尽くしたファンは大歓声を送った。

まず大谷は、試合の最初の打者として、ナ・リーグ先発のマックス・シャーザーと対決

米大リーグのオールスター戦に史上初の投打の「二刀流」による先発出場を果たした大谷（写真提供：共同通信社）

した。積極的に初球から振っていき、2球目の92マイルのカットボールをとらえたが、セカンドゴロに倒れた。

その裏のマウンドに上がった大谷は、メジャー屈指のオールラウンドプレーヤーのフェルナンド・タティース・ジュニアと対戦した。ダイナミックなプレーで、メジャーで最も人気を集める選手の一人だ。前半戦で大谷に次ぐ28本のホームランを打っている。そのタティースをスライダーでレフトフライに抑えた。

続くマックス・マンシーは、ストレートでセカンドゴロに打ち取る。

3番のノーラン・アレナドが打席に向かうと、クアーズ・フィールドのファンは立ち上がって大声援で迎えた。アレナドは前年までの8年間、地元ロッキーズでプレーしていたためだ。それを察した大谷は、マウンドを離れて拍手が鳴り止むのを待った。大谷は100マイルを連発し、最後はスプリットでショートゴロにしとめた。投手としては、予定されていた1イニングを14球、三者凡退で投げ終えて降板した。

「1イニングだったので、ペース配分関係なく初球からしっかり投げよう」と思っていたと言う。

その後も、特別ルールでDHとして打線に残っていた大谷は、3回に第2打席が回ってきた。後にナ・リーグのサイ・ヤング賞を受賞するコービン・バーンズ相手に、カットボールを打ってファーストゴロに倒れた。5回には代打が送られ、大谷の出番は終わった。試合はア・リーグが2回に先制して5－2で勝ったため、大谷は勝利投手となった。

MVPには、3回表に特大ホームランを打ち、シーズン中に大谷とホームラン王争いを繰り広げるブルージェイズのブラディミール・ゲレーロ・ジュニアが選ばれた。

試合後の会見では、日本メディアのみならず、現地の記者からも質問が飛び交い、大谷は「楽しかった」「ありがたい」と何度も口にした。シーズン中の会見で見せるのとは、また違った感じの笑顔を見せた。

二日間のイベントを終えて、シーズンよりも肉体的にはキツかったが、オールスターならではのお祭りのような雰囲気も含めて、「全部、楽しかったです」と話した。残念な結果に終わったホームランダービーへの再挑戦にも意欲を示した。メジャーに来てからでは、一番の思い出になったと言う。

「今のところは、やっぱりこういうところに出たことなかったので思い出になってますし、一番はポストシーズン、ワールドシリーズに出れれば、また更新されると思うので、そこを目指して頑張りたいなと思います」と述べた。

ア・リーグの指揮をとったレイズのケビン・キャッシュ監督は、大谷のオールスター中のフル稼働には「畏敬の念」でいっぱいだと語った。息をつく暇もないくらいの忙しさで、第1打席に入る前にベンチで呼吸を整えていた姿が印象的だった、と言う。

「彼がこのスポーツとファンにしてくれていることを考えたら、ありがたいのは私の方だ」とキャッシュ監督。「パンデミックでいろいろとあった中、野球を再び盛り上げるのに大きく貢献してくれた」

こうして大谷を野球ファンのみならず世間に「お披露目」するための試合は幕を閉じた。リーグ関係者の努力も実ったのか、オールスターゲーム後には、私が日本出身だと知るスポーツ好きのアメリカ人たちから大谷について尋ねるメッセージが送られてきた。今や大谷は、普段は野球を見ないスポーツファンにも、その名を知られる存在となった。

ただ、大谷がア・リーグの先発投手を務めることに、全員が納得していたわけではないことは付け加えておく。

ホワイトソックスからオールスターに選ばれたランス・リン投手は、大谷が他の先発投手の半分くらいしかイニング数を投げていないことを指摘した。確かに、投球だけ見れば、もっと優れた成績を残した投手はいる。

「でもMLBにも考えはあるだろうし、オールスターゲームは今や何の意味もない試合だから、ファンが喜べばそれでいい」とリンはシカゴ・サン・タイムズ紙の取材に語った（2021年7月12日配信）。

再び月間MVP

後半戦の注目点は、大谷が前半戦の驚異的ペースをどこまで維持できるかだった。私も日本メディアに取材を受け、「前半戦の調子だと60本越えも夢ではないのでは？」と聞かれた。

だが、現地の専門家は、大谷が統計上は維持が難しいペースでホームランを打っていることや、疲労の蓄積と、それによる怪我のリスクなどを懸念していた。例えば、スポーツギャンブルの予想師マリオ・マーゴラは「そうなって欲しくはないけど、大谷はオールスター後に15本以下しかホームランを打たない」と推測した。

オールスター後の6試合で、打者・大谷は打率1割6分7厘（24打数4安打）、14三振と、ちょっとした不振に陥り、7月23日のツインズ戦はスタメンを外れた。大谷が休養を申し出たわけではなく、マドン監督の判断だった。不振の原因はボール球に手を出すようになったことで、ホームランダービー出場は無関係だとマドンは強調した。

大谷自身も、ダービーの疲れは感じていないと述べた。

「十分にオールスターが終わった後、2日間、休めましたし、たくさん寝て体がすっきりして後半に臨めているかなと思います」と大谷。休養後の7月の残り8試合では、打率3割7分（27打数10安打）と、良く打った。

投球では、好調を維持した。

後半戦の初登板となった7月19日には、6回、96球を投げて、アスレチックス打線を無失点に抑えた。奪った三振は8個、与えた四球はわずか1個。

続く26日の本拠地ロッキーズ戦でも、7回を5安打、無四球、1失点で、5勝目を挙げた。初回の攻撃では、自らセンター前ヒットで打点を上げ、二盗を決めて、後続のヒットでホームを踏んだ。

圧巻だったのは、7回二死の場面。それまでは球数調整しながら、平均96マイルくらいの速球を投げていたが、これが最後のバッターになるだろうと察するなり、ギアを上げた。ドム・ヌニェスを追い込み、最後はこの日最速の99・7マイルのストレートで空振り三振に仕留めた。

「最後の回はちょこっと三振を狙いに行きました」と大谷。「最後はホームランを打たれているバッターでしたし、しっかり最後まで気を抜くことなく三振を狙いに行きました」

前半戦に比べて、投げている感覚も球の質も良くなっているので、ピッチングはまだまだ良くなるだろうと語った。

結局、7月も、打率2割8分2厘、出塁率3割9分6厘、長打率・671、OPS1・067とトップクラスの数字を残した。加えて、投手として3試合に登板して防御率1・35を記録。2カ月連続で月間MVPに選ばれた。

現時点でのMVPは大谷か、と記者に聞かれたマドン監督はこう答えた。

「他にも良いシーズンを送っている選手がいるのは知っているが、立ち止まって何が起きているか、じっくりと考えてみてほしい。（大谷が）やっていることは、誰とも比べることができない。圧倒的に優れている。単に打撃成績を見ても、OPSとか長打などあらゆるカテゴリーでほぼトップにいる。それに、彼がマウンドで成し遂げていることを加えてみてほしい。僅差なんていう人もいるけど、そんなことはない。彼がやっていることは唯一無二なこと。異次元すぎて、他の選手と比べることなんてできない」

スランプの原因

8月に入り、打撃は失速した。

月間で打率2割2厘（94打数19安打）、出塁率3割4分5厘、長打率・404。

様々な要因が絡み合っているとは思うが、本人はストライクゾーン内の打ちごろの球が減ったと話した。トラウトやレンドーン、7月終わりから8月前半はジャレッド・ウォルシュさえもいなくなり、相手投手は大谷と勝負する必要がなくなった。歩かせてもいいから、際どいところに投げるという気持ちだったのだろう。実際、前半戦は11・1パーセントだった四球率が、18・1パーセントに上がっている。「自分が打ってチームを牽引しなくては」と大谷が思えば思うほど、ボール球に手を出さざるをえない。

明らかに外れた球をストライクコールする審判を批判する声も聞かれたが、大谷だけが不公平に扱われた訳ではない。しかし、いくつかの誤審で、大谷が余計にボール球に手を出すようになった可能性はある。

マドン監督は、引っ張る打球が多くなったとも指摘。7月には右方向への打球が36パーセントだったのが、8月には46パーセントに増えた。大谷がもっとセンターや左中間方向に打っている時は調子が良いと監督は言う。

リード打撃コーチは、肉体的、精神的な疲れがあると述べた。「投球と打撃の両方のゲームプランを立てて、それを実行するのはメンタルが削られる」「野球は調整し続けるゲーム」だともリードは言う。調子が良い期間をできる限り長く保ち、それ以外の状態の期間を短くするという繰り返しなのだと。

そもそも、短い期間の成績を深読みするのは危険だ。

不振の時は「スイングに問題があるのでは」と多くの人は考えがちである。だが、野球に「成績の波」はつきものである。打率3割の打者は、10回打つたびに必ずヒットを3本打つわけではない。区切り方によって、100打数で20本しかヒットが出ない時もあれば、40本出る時もある。それが成績の分布というもの。

打撃結果に影響を与える要因は様々である。体調の良し悪しやスイングの乱れ、相手の投手力と守備力、球場の形など。例えば、良い投手との対戦が数試合も続けば、成績が落ちるのは当たり前だ。強い打球を3本打って3つともアウトになることもあれば、打ち損ないが3本続けてヒットになることもある。結果だけをみて、調子がいい、悪いと言いたくなる気持ちは分かるが、「運」も大きいということは忘れてはならない。

シーズン後半の大谷は、「誰にでも起こりうるスランプ」を経ているだけで、「シーズンを見渡せば素晴らしいシーズンを送っている」と番記者のフレッチャーは述べた。
6、7月のペースを維持する方が難しいと考えるのが合理的だろう。
一方、マウンドでは、ストライクゾーンで勝負して球数を抑える効率的な投球を続けた。7月26日のロッキーズ戦からは4連勝を挙げた。

8月4日のレンジャーズ戦は、無四球で1失点。現地記者に、それまでの26イニングで一つしか四球を与えていないことを聞かれた大谷は、こう答えた。

「その分ヒットが出てるので、その差し引きかなと思います。ゾーンでどんどん攻めているので、その結果フォアボールは少ないですけど、ヒットになる確率は多少上がってる」

8月12日には、リーグ最高のチームOPSを誇る強力ブルージェイズ打線と対戦。6回、99球を投げて、3安打、2失点に抑えた。ホームラン王やMVP争いのライバル、ゲレーロとも初対決し、1安打、1三振、1四球。大谷は「楽しかった」と語った。

続く、18日の敵地タイガース戦では、キャリアハイとなる8回を90球で投げきり、無四球、1失点だった。序盤は打たせてとるカッターとスライダーを中心に組み立て、僅差だった後半は「全て三振取るくらいの気持ち」で攻めていった。

チームがなかなか追加点を取れずに2－1でわずかにリードして迎えた8回の打席では、「打った瞬間いくなと思った」という40号をライトスタンド奥深くに叩き込み、エンゼルス左打者のシーズン最多本塁打記録を更新した。その日は、地元のスーパースター、ミゲル・カブレラの500号本塁打を見ようと多くのファンが詰めかけていて、大谷のホームランに大きな拍手を送った。

サイ・ヤング賞の候補でもおかしくないという声が上がるくらい安定した投球を続けながらも、大谷は「すごく調子がいいなという感じでは、もちろんあまりないです」と語った。

「悪い時にしっかり作れているのが一番いいところかなと思うので、自分の中でのマックスにいい状態ではないかなと感じています。……フィジカル的には状態はいいかなと思うんですけど、まだ上がってきている状態なのかなという印象なので、もっともっと思い切り良く体全体を使っていけるんじゃないかと思います」

「158」

9月3日の対レンジャーズ戦では、7回、メジャー自己最多の117球を投げて、9勝目をあげた。

しかし、チームは西地区4位の67勝68敗で、ポストシーズン進出が厳しい状況。試合後には、「チームとしても、来年を見据えた中での戦いというのが多くなるかなと思うので、なかなかモチベーションを高く維持するっていうのが難しい1カ月かなとは思います」と大谷は話した。

それでも、翌日には再びスタメンに名を連ねた。打順を決めたマドン監督も驚いたと言う。

「かなり疲れているだろうと思っていた。でも（大谷は）躊躇《ちゅうちょ》なくプレーしたいと言った」とマドン監督。

ア・リーグのホームラン王争いでは、ゲレーロやロイヤルズのサルバドール・ペレスらが追い上げを見せた。12日には、ゲレーロが44本目を打って大谷に並ぶ。大谷はゲレーロやペレスがホームランを打ったかをチェックしていて、「個人的には意識しながらやりたい」と述べた。

しかし、9月後半、ポストシーズン進出がかかっているアストロズやマリナーズ、アスレチックスは、大谷との対決をあからさまに避けるようになった。22日から25日にかけては、4試合で4つの敬遠を含む13四球で、ベーブ・ルースのメジャー記録に並んだ。こうした四球攻めを否定的にとらえるファンもいるが、それだけ大谷が怖い打者だと認識されているということだ。それに大谷が際どいボールに手を出さなくなった証でもある。

マドン監督も四球攻めは「当然のこと」と24日のマリナーズ戦後に述べた。

「(マリナーズは) プレーオフ争いをしていて、(大谷に) 打たれて負けるのは避けようとしている。うちの戦力が全員戻ってくれれば話は違うが、それまでは続くだろう」

投手としては、10日のアストロズ戦に自己ワーストの9安打を浴びて、6失点で3回3分の1で降板した。その後、肘に張りを感じて登板を回避したため、もうシーズン中は投げずに来季に備えた方がいいように見えた。

だが、大谷は再びマウンドに上がった。

19日のアスレチックス戦は、8回、108球を投げて2失点に抑える。10個の三振も奪った。ポストシーズンの望みもない中、どんなモチベーションでマウンドに上がっているのかと聞かれ、「投げないと成長できない」と答えた。

アスレチックス戦で先発した大谷＝2021年9月19日(写真提供：朝日新聞社)

シーズン最後の登板となった26日の本拠地マリナーズ戦も、7回、112球を投げてわずか1失点。再び10個の三振を記録し、一つの四球も

マリナーズとの今季最終戦、先頭打者として46号本塁打を放つ大谷＝2021年10月３日
（写真提供：朝日新聞社）

出さなかった。７回に最後の打者、ジェイク・バウアーズを99マイルの高めのストレートで空振り三振にとると、ガッツポーズを見せた。ベンチに戻る大谷を、三塁側席のエンゼルスファンはスタンディングオベーションで労った。

両試合とも、打線が振るわずチームは負けた。26日の敗北で74勝82敗となったエンゼルスは、６年連続の負け越しが決まった。

「もっともっと楽しいというか、ヒリヒリするような９月を過ごしたいですし、クラブハウスの中もそういう会話で溢れるような９月になるのを願ってますし、来年以降、そうなるように頑張りたいなと思っています」と試合後に語った。

10月３日、エンゼルスはシアトルでシーズン最終戦に臨んだ。マリナーズにとっては、20年ぶりのポストシーズン進出がかかった負けられない試合。４万４千人のファンで埋め尽くされたＴモバイル・パークはプレーオフさながらの熱気に包まれていた。

「1番・DH」でスタメン出場の大谷は、いきなり初回に11試合ぶりとなる46号をライナーでライトスタンド奥深くにたたきこんだ。マリナーズファンを一気に夢から覚まさせるようなあたりだった。そのままエンゼルスが7－3で勝利し、両チームにとっても、大谷にとっても2021年のシーズンが幕を閉じた。

エンゼルス番記者のフレッチャーは、2021年の大谷の活躍を最も端的に表す数値は「出場試合数」だと言う。大谷は162試合中、DH、投手、代打など何らかの形で158試合に出場。出なかった4試合のうち、2試合はDH制のないナ・リーグ球場での試合だった。

「2018年に二刀流を2カ月半やった時は、たくさんの休養日をとっていた」とフレッチャー。「今年は休養日がないのに、6カ月のシーズンを怪我もせず投打で高レベルな活躍を続けた。メジャーではもちろんだが、日本でもあまりやれていなかったこと。驚くしかない」

大谷本人は、ポストシーズンのチャンスが徐々に遠のいていく中で、先の見えない試合を戦っている後半戦が、精神的には一番きつかったと話した。それでも疲れが来ていると感じる時期はなかったと言う。

「より多く試合に出れたっていうのは単純に楽しかったですし、それだけ試合に貢献でき

る頻度が高いというのは、選手としてもやりがいがあると思うので、楽しい1年間だった
とは思います」

3章　数字で見る〝リアル二刀流〟

マリナーズ戦で右越えに46号となる先頭打者本塁打を放つ大谷翔平＝2021年10月３日（写真提供：朝日新聞社）

野球界を変えたとも言える『マネー・ボール』の主人公ビリー・ビーン。オークランド・アスレチックスのゼネラルマネージャーとして、統計分析に基づくチーム編成で、貧乏球団をプレーオフへと導いた

前章では、大谷の2021年シーズンを振り返ってきたが、気になった人は多いのではないか？

「実際のところ、大谷の二刀流での活躍はどれだけすごかったのか？」

結局、ホームラン王はとれなかったし、二桁勝利にも達しなかった。チームはポストシーズン進出もならなかった。そうした事情もあって、日本では「大谷がMVPをとれるか？」が話題になっていた。私もシーズン終盤、日本のテレビや雑誌に取材を受けて何度も聞かれた。日本では大谷がホームランを連発したり、さまざまな賞に選ばれたりした時こそ、一般ニュースで大きく取り上げられていたが、彼の本当のすごさは伝わっていないと感じていた。その理由の一つとして、ここ15年くらいでアメリカで一気に進化した「野球の見方」を理解している人が少ないことが挙げられる。

アスレチックスのビリー・ビーンGMが統計分析を用いて貧乏球団をポストシーズン常連に変貌させていく様子を描いた『マネー・ボール』（マイケル・ルイス著）が2003年に発売されてから、どの球団も選手の評価やチーム編成、試合中の戦術に至るまで、「経験」や「感覚」ではなく、「データ」をもとに判断を下すようになった。メディアやファンにも、そうした野球観が広がってきている。

この章では、メジャーの最新事情を交えながら、2021年の大谷の活躍を、「データ」と「歴史的意義」という二つの視点で紐解いていく。

メジャー5指に入る打撃力

まずは、新人王をとった2018年と2021年の打撃成績を比べてみよう（表3－1）。

パッと見ても向上しているのが分かる。ア・リーグ史上でシーズン45本塁打、25盗塁を達成したのは、強靭な肉体とダイナミックなプレーで人気を博したホセ・カンセコ（1998年）と大谷だけ。パワーとスピードの組み合わせが、いかにメジャーでもずば抜けているかが分かる。

打率の低さを指摘する人もいるが、1章でも述べたように、米専門家の間では打率は重

3-1　打撃成績

	2018年	2021年
試合数	104	155
打席数	367	639
本塁打	22	46（3位）
得点	59	103（8位）
打点	61	100
三振	102	189（4位）
四球	37	96（3位）
敬遠	2	20（1位）
盗塁	10	26（5位）
打率	.285	.257
出塁率	.361	.372（5位）
長打率	.564	.592（2位）
OPS	.925	.965（2位）

（　）はア・リーグ内の順位

視されなくなっている。というのも、打率には四死球での出塁による貢献が含まれないからである。打者にとって最も重要なのは、「アウトを与えない」こと。ヒットほどの価値はないが、四球で出塁できるのはチームにとって得点のチャンスを広げる大事なスキルである。

その能力を反映させたのが出塁率（〔安打＋四球＋死球〕÷〔打数＋四球＋死球＋犠飛〕）だ。エンゼルスのリード打撃コーチも、最も重視する数字は出塁率だと明かしてくれた。

また、打率は単打と長打を同等に扱ってしまう。10打数でシングルヒットを5本打った選手と、ホームランを5本打った選手が同じ5割という数字なのである。そうし

3-2　2021年 OPS上位10選手

1	ブライス・ハーパー	フィリーズ	1.044
2	ブラディミール・ゲレーロ・ジュニア	ブルージェイズ	1.002
3	ホアン・ソト	ナショナルズ	.999
4	フェルナンド・タティース・ジュニア	パドレス	.975
5	大谷翔平	エンゼルス	.965
6	ニック・カステヤノス	レッズ	.939
7	ジョーイ・ボットー	レッズ	.938
8	カイル・タッカー	アストロズ	.917
9	アーロン・ジャッジ	ヤンキース	.916
10	ブライアン・レイノルズ	パイレーツ	.912

た選手の長打力の差を表すのが、長打率（塁打数÷打数）だ。各打者が1打数あたりに稼げる進塁数の期待値を示す（こちらは、打率や出塁率と違って割合〔パーセンテージ〕ではないことに注意したい）。

その出塁率と長打率を足し合わせたOPSで、大谷は規定打席に達している選手の中では、ア・リーグ2位、メジャー全体で5位の・965である。つまり、打撃力だけを見ても、大谷はメジャーで5本の指に入る選手なのだ。こんな日本人、もっといえばアジア人の打者は存在しなかった。

ちなみに、2021年のOPS上位10選手がこちらだ（表3－2）。特に大谷より上位にいる4人は、みんな今の野球界を牽引するスーパースターたちである。

カメラやレーダーを使って選手やボールの動きを解析できるスタットキャストも、大谷がメジャーを代表する強打者であることを示す。

3-3　2021年 平均打球初速度

（マイル）

1	アーロン・ジャッジ	ヤンキース	95.8
2	ブラディミール・ゲレーロ・ジュニア	ブルージェイズ	95.1
2	ジャンカルロ・スタントン	ヤンキース	95.1
4	ジョッシュ・ドナルドソン	ツインズ	94.1
5	フェルナンド・タティース・ジュニア	パドレス	93.9
6	大谷翔平	エンゼルス	93.6
7	ミゲル・サノ	ツインズ	93.4
8	ヨーダン・アルバレス	アストロズ	93.2
9	マニー・マチャド	パドレス	93.1
10	サルバドール・ペレス	ロイヤルズ	93.0

大谷の打球初速度の平均は、昨年の92・6マイルを上回る93・6マイルで、規定打席に達した打者の中では6位（表3－3）。屈強な体で知られる同僚トラウトの通算平均（91・3マイル）を上回る速度だ。余談だが、大谷と特に仲の良いチームメイトとして知られるデービッド・フレッチャーの平均打球速度は、規定打席をクリアしている132の打者ではダントツの最下位82・3マイルだった。

また、打球の理想の初速度と角度の組み合わせをバレルと呼ぶ。具体的には、過去の統計で打率5割以上かつ長打率1・500以上となる組み合わせだ。最低でも初速度98マイルが必要で、その場合、打球角度は26～30度でなくてはならない。そこから速度が速くなればなるほど、バレルになる角度の範囲も広がる。バレルでとらえた打球が10パーセントを超えれば優れた打者だと言われるが、大谷はフェアになった打球の22・3パーセントがバレルで、堂々のメジャー1位である。

「コンスタントに強い打球を打てるのは技術」とMLB公式サイトでスタットキャストのデータ分析を専門とするアドラー記者は話す。

メジャーワースト4位の三振数を気にする人もいるかもしれないが、今はさほど「三振が悪」だとは考えられていない。

「ツーストライクと追い込まれて、バットを短く持って当てにいったら、弱い打球でアウトになるだけ」とフレッチャー記者は言う。「それだったら強く振ってホームランを狙うべき。三振も、ゴロや凡フライも一つのアウトには変わらない。そういう考えの人が増えて、多くの打者も取り入れた。それが正しいかどうかは議論の余地があるが、それが2021年の野球というものであり、大谷もそれに倣っている」

大谷も長打と三振は「紙一重」と述べている。三振を恐れてノーストライクやワンストライクから際どい球を打ちに行くと、長打が出る確率は減る。特に2021年の大谷は相手に警戒されて甘い球が減った。

「今の状況では特に浅いカウントとかは厳しいところ、ボールでもいいぐらいの感じでカウントをとりにくる場面が多くなっているので、無理にそこに手を出す必要はないかなと思っています。その結果、ツーストライク後の打席が多くなるので、三振も多少増えるか

二盗に成功する大谷。遊撃手はアストロズ、コレア＝2021年９月23日
（写真提供：朝日新聞社）

なと思います」

走塁についても触れておこう。投手として投げている時でさえ果敢に盗塁や進塁を狙う大谷は、見ている側としてはたまらなく魅力的である。

スタットキャストによると、２０２１年の大谷の走塁時の平均トップスピードは秒速28・８フィートでメジャー63位。指名打者ではダントツの1位で、メジャー平均どころか、俊足で知られる秋山翔吾の28・１フィートをも上回る。

さらにすごいのは、打ってから全力で走った際の一塁到達タイムだ。大谷は平均４・09秒でメジャー5位である（表３－４）。

しかし、その俊足を生かしきれているかは別の話だ。

3-4 2021年 平均一塁到達時間

			(秒)
1	バイロン・バクストン	ツインズ	4.00
2	マグネウリス・シエラ	マーリンズ	4.04
3	ティム・ロカストロ	ヤンキース	4.07
3	ホセ・シリ	アストロズ	4.07
5	大谷翔平	エンゼルス	4.09
6	秋山翔吾	レッズ	4.10
7	ケビン・キアマイアー	レイズ	4.11
7	オジー・アルビーズ	ブレーブス	4.11
9	ホルヘ・マテオ	オリオールズ	4.12
9	マイルズ・ストロー	インディアンズ	4.12

26という盗塁数ばかりが注目されるが、実は盗塁失敗でメジャー最多の10個を記録している。メジャーでは、盗塁への見方が大きく変わった。1980年代は、「史上最高の1番打者」と呼ばれ、シーズン最多130盗塁を記録したリッキー・ヘンダーソンを筆頭に、失敗を気にせず走る姿勢がもてはやされた。しかし、統計分析への理解が進んだ現在では、失敗のリスクの高さが認識され、どのチームも盗塁に消極的になった。

攻撃で鍵になるのは出塁すること。どんなに良い打者でも約4割の確率でしか塁に出られない。せっかく出たランナーを失うことは何としても避けたいというのが、今のメジャーの考え方だ。盗塁成功で得られる利益と、失敗のコストを天秤にかけなくてはならない。時代によって違いはあるが、約75パーセント以上の確率で成功しないと、チームにとってマイナスになることが分かっている（これはあくまでメジャーリーグの過去のデータをもとにした結論であり、例えば日本の高校野球や少年野球などにそのまま当てはまるわけではない)。

だから盗塁を評価する時は、失敗数に着目しなくてはならない。

大谷の場合、盗塁成功率は72パーセントで、ボーダーラインぎりぎりといったところ。データサイトFanGraphsの算出だと、メジャー平均を若干上回るくらいの価値しか生んでいない。同サイトによると、ダブルプレーを回避する力はトップレベルだが、それ以外の走塁ではメジャー平均を少し上回る程度の貢献となっている。

スピード自体はあるのだから、走塁が改善されれば、今以上に価値が高まるという見方もできる。ただし、果敢に走ることで怪我のリスクが高まることは言うまでもない。

エース級の投球

次に投球成績を見てみよう(表3-5)。

こちらも、新人王の年を上回っている。実戦から遠ざかっていたことを考えると、さらに輝いて見えてくる。

打者としても出場する大谷は、他の先発投手よりも間隔を空けて登板しているため、投球回が規定に達していない。だが投球回130以上の投手では、防御率でメジャー22位タイにつけている。

3-5　投球成績

	2018年	2021年
試合数	10	23
投球回	51.2	130.1
勝敗	4勝2敗	9勝2敗
奪三振	63	156
与四球	22	44
防御率	3.31	3.18

「二桁勝利」に達しなかったことを指摘する人もいるが、全く気にする必要はない。そもそも、9勝も10勝も「キリの良さ」以外に実質的な差はない。

それに、アメリカでは投手の勝敗成績を無視する専門家が増えている。味方打線が何点とってくれるか、後続の救援投手が抑えてくれるか、といった投手自身がコントロールできない要素に大きく左右されるからだ。２０２１年の大谷は、リリーフ陣が打たれて白星が消えた試合が４つもあった。もちろん、6月30日のヤンキース戦のように、大谷が打たれたが味方が取り返して黒星を免れるケースもある。

5回に5点をとられても「勝ち」となり、逆に9回を1点に抑えても「負け」になるなんて、とんでもない指標である。大谷自身、勝ち星よりも防御率やＷＨＩＰ（1投球回あたりに何人の走者を許したか）などの数字を気にしていると語った。

アメリカの記者の多くが投手の勝敗成績を気にしなくなったことを示す例が、２０１８年のサイ・ヤング賞だ。30人中29人の記者が、防御率1・70ながら10勝9敗だったメッツのジェーコブ・ディグロムに票を入れた。

逆に、投手自身が最もコントロールできる結果は三振、四死球、本塁打である。それ以外は、どうしても守備が関わってくる。ヒット性の当たりがアウトになったり、打ち取った当たりが守備の間に落ちてヒットになったりすることもある。なので、純粋な選手の実力を測るには、三振、四死球、本塁打に注目すべきと言われている。

大谷は、9回あたりの奪三振数が10・77と、130イニング以上投げた投手では9位である（ダルビッシュが10位）。9回あたりの四球数は、序盤の乱れもあって3・04で49位。しかし、後半戦だけを見ると1・28で、60イニング以上を投げた投手では1位である。

さらに、各打球の初速度と角度を考慮して防御率を算出したのがxERAという指標である。防御率から運や守備の要素を除いたxERAで、大谷は16位の3・35で、ダルビッシュと全く同じ数字だ。投手・大谷が30球団あるメジャーで、エース級だと分かってもらえるだろう。

スタットキャスト担当のアドラー記者が「野球界で最も打てない球」と1年目から称した大谷のスプリットも健在で、スプリットで決着がついた打者の打率は0割8分7厘で77三振を奪った。

一部で「サイ・ヤング賞はどうか」という声もあったが、他のトップどころの先発投手の約7割くらいしかイニング数を投げていないので、さすがにそれは厳しい。今のままの投球回数だと防御率が1点台とかでなければ無理だろう。

大谷のメジャーデビュー前、ファイターズの栗山英樹監督にインタビューした時、投手としては粗削りで、持っている能力の半分も出せていないと語っていた。

「フォームがばらつく時もあるし、同じ動きがずっとできている訳ではない」と栗山は言った。

ついに持っていた能力を発揮し始めたということかもしれない。

その栗山は、打者・大谷をより高く買っていた。アメリカでの評価と逆だったので、強く印象に残った。

「バッティングに関してはよく言ってますけど、ああいうピッチャーには出会えても、あいうバッターには出会えないと僕は思っている。もともと能力は高いんでね、かなり高いレベルのところまでは来ていると思います」

大谷のファイターズ入団の立役者と称される大渕隆スカウト部長も、「どっちも一流の高い能力に到達する能力があるけど、打撃の方がその天井に行くのが早い、イメージしやすい」と述べていた。二人の予想が的中したのは言うまでもない。

「世界一の選手」

現地記者が、選手の総合的価値を判断する上で参考にするのが、WAR（Wins Above Replacement）という指標だ。打撃、投球、走塁、守備を総合して、どれだけ個人がチームに貢献したかを示す。

具体的には、メジャーとマイナーの間にいるような控えレベルの選手に比べて、どれだけ勝利数を上積みしたかを計算する。有名なのはデータサイトのFanGraphsとBaseball Referenceによる算出で、大谷はその両方でメジャー1位に輝いている。

FanGraphsのWARでは野手として5・1勝（メジャー18位）、投手として3・0勝（43位）を上積み。Baseball Referenceでは、野手として4・9勝（24位）、投手として4・1勝（23位）だった。大谷の野手としての順位が低めなのは守備のない指名打者だからだが、指名打者としては、両サイトで1位だ（表3－6）。

つまり、今季の大谷は、「メジャーリーグで最も活躍した選手」だったということだ。少なくとも数字だけを見れば、本人が目標とする「世界一の野球選手」になったのだ。

にもかかわらず、シーズン終盤になって、ア・リーグMVPにゲレーロを推す声が少なくいながらも上がったのは、ゲレーロが三冠王に近い打撃成績を残し、ブルージェイズが最

3-6　2021年 WAR上位10選手

FanGraphs

1	大谷翔平	エンゼルス	8.1
2	コービン・バーンズ	ブリュワーズ	7.6
3	ザック・ウィーラー	フィリーズ	7.3
4	トレイ・ターナー	ナショナルズ／ドジャーズ	6.9
5	ブラディミール・ゲレーロ・ジュニア	ブルージェイズ	6.7
6	ブライス・ハーパー	フィリーズ	6.6
7	マーカス・セミエン	ブルージェイズ	6.6
8	ホアン・ソト	ナショナルズ	6.6
9	ホセ・ラミレス	インディアンズ	6.3
10	フェルナンド・タティース・ジュニア	パドレス	6.1

Baseball Reference

1	大谷翔平	エンゼルス	9.1
2	ザック・ウィーラー	フィリーズ	7.7
3	マーカス・セミエン	ブルージェイズ	7.3
4	カルロス・コレア	アストロズ	7.2
5	ホアン・ソト	ナショナルズ	7.1
6	ブラディミール・ゲレーロ・ジュニア	ブルージェイズ	6.8
7	ウォーカー・ビューラー	ドジャーズ	6.7
7	ホセ・ラミレス	インディアンズ	6.7
9	ロビー・レイ	ブルージェイズ	6.7
10	フェルナンド・タティース・ジュニア	パドレス	6.6

後までプレーオフ争いに絡んだからである。

ＭＶＰとはMost Valuable Player Awardの略。個人に与えられる公式年間賞で、最も歴史が古く価値がある。野手と投手を合わせた全選手から、ア・リーグとナ・リーグで一人ずつしか選ばれない。過去20年の受賞者を見ても、大谷の同僚のマイク・トラウト（３度）、通算最多７６２本塁打のバリー・ボンズ（１９９０年から7度）、通算６９６本塁打のアレックス・ロドリゲス（３度）など、錚々たる顔ぶれが並ぶ。日本出身の選手では、２００１年にイチローが新人王と同時受賞している。

選ぶのは、全米野球記者協会に所属する記者たちだ。チームが本拠地を構える各都市から２人ずつの記者が投票する。ア・リーグを30人、ナ・リーグを別の30人の記者が決める。投票はポストシーズンが始まる前に行われるが、結果はワールドシリーズが終わるまで発表されない。つまり、レギュラーシーズンの活躍だけが判断材料となる。

ＭＶＰは直訳すると「最も価値がある選手」だが、「価値」の解釈は各記者に委ねられている。以前は、「強いチームで活躍した選手が最も価値がある」と考える記者が多かった。エンゼルスがポストシーズンに出られないと、大谷の価値も下がるということだ。

「（ゲレーロの）今季の活躍は、他のどの選手よりもチームにとって価値があった」とＭＬＢ公式サイトのマーク・ファインサンド記者は「誰がＭＶＰに相応しいか」を同僚記者たちと語らう座談記事（2021年9月17日配信）で述べている。

「私はMVPはできるだけプレーオフ争いをするチームから選ぶべきだと思っている。弱いチームの選手に絶対に票を投じない訳ではない。みんな分かっていると思うが、エンゼルスが弱いのは大谷のせいではない。でも意味のある試合で活躍する選手は光って見える」

しかし、過去10年くらいで、チームの成績にかかわらず、単純に「シーズンを通して最も活躍した選手」に投票する記者が大勢を占めるようになった。変化の理由として、前述したような新しい成績指標の浸透が挙げられる。打率や打点、投手の勝敗などの伝統的な指標からは測りづらかった選手の「価値」が、一目で分かるようになったのだ。

確かにゲレーロの打撃成績は目を見張るものがある。普段であれば、MVPはほぼ確実だろう（表3－7）。

しかし、大谷の打撃はゲレーロにそこまで引けをとらない。OPSでもゲレーロに次ぐア・リーグ2位である。それになんと言っても、大谷は投手としてもエース級の活躍をした。ゲレーロは価値が低いと言われる一塁を守り、走力も高くない。Baseball ReferenceのWARでは、ブルージェイズの同僚で二塁を守るセミエンをも下回っている。

大谷が失速した後半戦にゲレーロが活躍したのも、議論が白熱する理由となった。だが、

3-7 2021年 ア・リーグ打撃成績

打率	1	ユリ・グリエル	アストロズ	.319
	2	マイケル・ブラントリー	アストロズ	.311
	3	**ブラディミール・ゲレーロ・ジュニア**	**ブルージェイズ**	**.311**
	4	ティム・アンダーソン	ホワイトソックス	.309
	5	ニッキー・ロペス	ロイヤルズ	.300
得点	**1**	**ブラディミール・ゲレーロ・ジュニア**	**ブルージェイズ**	**123**
	2	ボー・ビシェット	ブルージェイズ	121
	3	ホセ・アルトゥーベ	アストロズ	117
	4	マーカス・セミエン	ブルージェイズ	115
	5	ホセ・ラミレス	インディアンズ	111
打点	1	サルバドール・ペレス	ロイヤルズ	121
	2	ホセ・アブレイユ	ホワイトソックス	117
	3	テオスカル・ヘルナンデス	ブルージェイズ	116
	4	ラファエル・デバース	レッドソックス	113
	5	**ブラディミール・ゲレーロ・ジュニア**	**ブルージェイズ**	**111**
本塁打	**1**	**ブラディミール・ゲレーロ・ジュニア**	**ブルージェイズ**	**48**
	1	サルバドール・ペレス	ロイヤルズ	48
	3	大谷翔平	エンゼルス	46
	4	マーカス・セミエン	ブルージェイズ	45
	5	アーロン・ジャッジ	ヤンキース	39
出塁率	**1**	**ブラディミール・ゲレーロ・ジュニア**	**ブルージェイズ**	**.401**
	2	ユリ・グリエル	アストロズ	.383
	3	ヨアン・モンカダ	ホワイトソックス	.375
	4	アーロン・ジャッジ	ヤンキース	.373
	5	大谷翔平	エンゼルス	.372
長打率	**1**	**ブラディミール・ゲレーロ・ジュニア**	**ブルージェイズ**	**.601**
	2	大谷翔平	エンゼルス	.592
	3	カイル・タッカー	アストロズ	.557
	4	アーロン・ジャッジ	ヤンキース	.544
	5	サルバドール・ペレス	ロイヤルズ	.544
OPS	**1**	**ブラディミール・ゲレーロ・ジュニア**	**ブルージェイズ**	**1.002**
	2	大谷翔平	エンゼルス	.965
	3	カイル・タッカー	アストロズ	.917
	4	アーロン・ジャッジ	ヤンキース	.916
	5	マット・オルソン	アスレチックス	.911

ブルージェイズはプレーオフ進出を逃し、ゲレーロも三冠王を獲れなかった。

大谷が「無冠」であることを指摘した日本のプロ野球OBもいたが、そんなことを気にするアメリカの記者はもういない。打率と同じように、打点も欠陥だらけの指標である。出塁率が高い選手が前を打つ打者の方が明らかに打点をあげられる確率が高くなる。本塁打の2本差も、選手同士の実力を比べる上で実質的な差などない。昔は指標が少なかったので、打率や本塁打、打点などで1番になることが、選手の価値を示す分かりやすい方法だった。だが、今ではOPSやWARといったより良い指標が存在する。

2021年のMVPは、大谷以外を選ぶ理由がない。

「当然」のMVP

メジャーリーグ機構が保有するテレビ局MLBネットワークの番組内で発表されたMVP。ほぼ確実だとは理解しながらも、こういうものは発表される前は胸が高鳴るもの。どういう結果になるのかドキドキしながら生中継で見ていた。

しかし、蓋を開けてみれば、30人の記者全員が1位に大谷を選んでの受賞だった。

驚きはないが、満票は少し意外だった。というのも、他と違った見方をする記者が数人はいてもおかしくないと思っていたからだ。その予想が良い意味で裏切られた。それだけ記者の間で、新しい野球の見方が浸透してきたということだろう。ナ・リーグではフィリーズのブライス・ハーパーが受賞。両リーグのMVPがポストシーズン進出を逃したチームから選ばれたのは1987年以来のことだった。

ブルージェイズの地元トロントの記者2人も、大谷に票を入れた。通常であればゲレーロはMVPがほぼ確実な成績だが、大谷の活躍は「普通」ではなかった、と二人とも口を揃える。

「数字をよく見れば、そんなに難しい判断ではなかった」とトロント・スター紙のコラムニスト、グレゴー・チゾルムは、自身の投票理由を説明する記事で述べた。「ゲレーロの活躍は素晴らしかったが、近年メジャーリーグが見たことのない二刀流のスターである大谷が、それだけ上回っていたということだ」（2021年11月18日配信）

大谷の投打のどちらかが平均的だったら話は別だ、とチゾルムは言う。だが、大谷はそれぞれでトップレベルの成績を残した。投手・大谷はブルージェイズの期待の若手投手アレック・マノア以上の、打者・大谷はMVP投票3位のマーカス・セミエンと遜色ない数字だと指摘する。たとえゲレーロが三冠王をとっていたとしても、最後の1カ月で大谷が怪我で離脱するか、よほど成績が下降しない限り大谷を選んでいただろうとチゾルムは言う。

カナダのスポーツ専門局TSNでブルージェイズ番記者を務めるスコット・ミッチェルも投票理由の説明記事でこう述べた。

「どんなにブラディー（ゲレーロのニックネーム）が良い成績を残しても、大谷翔平がベーブ・ルース以来で初めてやってのけたことには及ばない。……シンプルに言えば、歴史的なシーズンだった。そこに議論の余地はない」（2021年11月18日配信）

両記者とも、強いチームでプレーすることに意味はあるが、一つの選考基準にすぎないと言う。

「もちろんゲレーロがいなければ、ブルージェイズがこれほどポストシーズン進出に近づくことはなかった。でも、1930年代以降で初めての真の二刀流のスターがいなければ、エンゼルスが77勝できなかったのも同じく明白だ」とチゾルム記者は述べた。

他の米メディアも、「満票で当然」との論調で、MVP争いの結果を淡々と報じた。エンゼルスの地元紙オレンジ・カウンティ・レジスターこそ一面で大きく取り扱ったが、もう一つの地元紙ロサンゼルス・タイムズは、一面の下隅に大谷の写真を載せただけだった。

SNSでは不満を呟くブルージェイズファンの投稿も見られたが、「やっぱり大谷か。おめでとう！」というのが大半の野球ファンの反応だった。

ちなみに、エンゼルスの地元オレンジ郡でさえも、一部の日本のテレビ番組が報じたようなお祭り騒ぎなどにはなっていない。ファンが球場やバーに集まって喜びを爆発させたなどということもなかった。熱心なエンゼルスファンが、SNSで喜びのメッセージを呟いた程度だ（そもそも、日本のプロ野球でも、地元チームの選手がMVPを受賞して大騒ぎになったというのは聞いたことがない）。

逆に、大谷が受賞していなかったら、野球界はちょっとした騒ぎになっていただろう。

他にも、大谷は専門誌「ベースボール・アメリカ」「ベースボール・ダイジェスト」「スポーティングニュース」やMLB選手会の選手間投票など、あらゆる年間最優秀選手賞を総なめにした。これらの賞は両リーグ合わせて一人しか選ばれない。

「今年は大谷が世界一の野球選手だった」と野球界が、ほぼ異論なしに認めたのである。

歴史的偉業

年間最優秀選手賞が素晴らしい名誉なのは間違いないが、毎年、必ず誰かが選ばれる。

大谷の二刀流は、それだけでは語りきれないスケールの偉業だった。単に打者として50本のホームランを打ったり、投手として20勝したりするのとは次元が違う。サッカーのワールドカップでフォワードとゴールキーパーの両方で活躍するとか、オリンピックの陸上と水泳の両方でメダルをとるといった話に近いのだ。

「ゲレーロの活躍は素晴らしいが、大谷は彼が絶対に及ばないものを持っている」とスポーツ・イラストレイテッド誌のトム・バデューチ記者は記事で述べた。「それは前例のない偉大さである。ゲレーロのような存在も珍しいが、大谷はユニコーンだ。他に比べられるものがない。……大谷は誰もやったことのないことをやってのけた。もう2度と見られないだろう、それが大谷でない限り」（2021年9月20日配信）

大谷の二刀流での活躍を受けて「やろうと思えばできた」「あの選手も二刀流をやれたはず」といった趣旨の野球関係者の発言をちらほら聞く。大谷のように両方でトップクラスの成績を残せたとは考えづらいが、片方、もしくは両方が「そこそこ」で良いならできた選手は確かにいるかもしれない。だが、何より大谷が称賛されるべきなのは、プロ野球やメジャーリーグで「無理」だという思い込みに屈せず挑戦したことだ。未開拓の地に、リスクを承知で足を踏み入れて、新たな道を切り開いた。野茂英雄が、「日本人選手には無理」だと言われていたメジャーでも通用することを証明したように。それがパイオニアなのだ。道が切り開かれた後に、「自分にもできた」と言うのは、パイオニアになる難しさへの理解が欠けた発言だ。

メジャーリーグも、二刀流の意義は十分に理解していた。

10月26日、ワールドシリーズ初戦が始まる直前、リーグの最高責任者であるロブ・マンフレッド・コミッショナーは、大谷を特別表彰した。1998年に始まったこのCommissioner's Historic Achievement Award（コミッショナー歴史的偉業賞）は、定期的にではなく、コミッショナーの自己判断で、歴史的偉業を達成した選手に贈られる。これ以前に表彰が行われたのは、2014年に遡る。2005年には年間最多安打記録を更新したイチローが受賞している（表3－8）。

マンフレッド・コミッショナーは、野手か投手のどちらか一方だけでもメジャーでプレーするのは難しいことだと表彰式で述べた。

「時たま、すごい才能に恵まれて、投手としてやっていくのか、野手としてやっていくのかを選ぶことのできる選手もいます。そのメジャーリーグの舞台で、投手、野手の両方で、最高レベルで活躍できる人間がいたというのは驚くべきことです。普通であれば求められる（投手か野手かという）選択をしないのには勇気と不屈の精神が求められる。そして、長い162試合を通して両方をやり抜くには途方もない耐久力が必要です」

「2021年、あなたはアメリカや日本、世界中のファンに信じられないようなショーを見せてくれました。あなたの打席や登板を見るためにどれだけの人がテレビに釘付けになったか分かりません」

投手と打者の両方で出場し続ける難しさは、準備や調整にかけられる時間が少なくなる

3-8 コミッショナー歴史的偉業賞

1998年	マーク・マグワイアとサミー・ソーサ	ホームラン記録を競うシーズンを讃えて。
2001	カル・リプケン・ジュニア	連続試合出場記録を讃えて表彰。
	トニー・グウィン	8度の首位打者獲得を讃えて。
	シアトル・マリナーズ	シーズン最多勝記録に並ぶ116勝を讃えて。
2002	バリー・ボンズ	シーズン最多ホームラン記録達成を讃えて。
	リッキー・ヘンダーソン	歴代最多の盗塁、四球、得点記録を讃えて。
2004	ロジャー・クレメンス	300勝、サイ・ヤング賞最多受賞回数を讃えて。
2005	イチロー	シーズン最多安打記録を讃えて。
2006	ロベルト・クレメンテ	17年間の輝かしいキャリアと慈善活動を讃えて、夫人ベラさんを表彰。
2007	レイチェル・ロビンソン	ジャッキー・ロビンソンが人種間の壁を破ってから60年を記念し、夫人レイチェルさんの啓発活動、次世代への貢献を讃えて。
2011	ケン・グリフィー・ジュニア	輝かしいキャリアと絶大な人気を讃えて。
2013	マリアーノ・リベラ	歴代最多セーブ記録を讃えて。
2014	ビン・スカリー	65年間の実況キャリアを讃えて。
	デレック・ジーター	様々なポストシーズン歴代最多記録（安打数、得点数、塁打数）を讃えて。

こと、そして体への負担だとメジャー関係者たちは言う。投打のどちらかが「それなり」でいいなら、他にもできる選手はいるかもしれない。だが大谷は、投手としても打者としても世界最高レベルなのである。

大谷自身は、「毎年ある賞でもないですし、本当に光栄なことだと思うので、自分でいいのかなという思いももちろんありますけど、本当に嬉しく思ってます」と表彰式で語った。

隣に座るマンフレッドは「もちろん彼は受賞に値しますよ」と笑いながら付け加えた。

さらには、タイム誌の「世界で最も影響力のある100人」にも野球界から唯一選ばれた。ICONS（象徴）部門では、他にヘンリー王子とメーガン夫人や大坂なおみ、ブリトニー・スピアーズなどが選ばれている。通算696本塁打のアレックス・ロドリゲスは、大谷の紹介文で「彼は現代のバンビーノ（ベーブ・ルースの愛称）だが、ベーブ・ルースでさえ1シーズンに20盗塁以上、40本塁打以上を記録しながら100マイルの球を投げてなんかいなかった」と書いた。

米AP通信の年間最優秀男性アスリートにも選ばれた。オリンピックやプロスポーツを含めたアメリカの男性アスリートの中で、今年最も活躍したと評価されたのだ。野球では、2017年のホセ・アルトゥーベ以来。21世紀では、他にバリー・ボンズ（2001年）

とマディソン・バムガーナー（２０１４年）のみである。

さらに大谷は、４月発売予定で、アメリカで最も人気がある野球のテレビゲーム、「MLB The Show」の２０２２年版の表紙に選ばれた。アジア人選手では初めての快挙だ。大谷は、紛れもなく野球界の「顔」になった。

ベーブ・ルースvs.大谷翔平

二刀流という点だけで見れば、大谷は１００年前のベーブ・ルースをも上回ったと言える。

ルースは打者としての才能に気づいてからは、自ら投手を辞めた。大谷は自らの意思で両方をやり続ける道を選んでいる。分業制が進み、ルースの時代とは比較にならないほど選手層が厚い現代では、二刀流は不可能と言われたにもかかわらず。

時代が違いすぎて無意味という人もいるが、大谷が「神話の中の人物」と呼ぶルースがどれほどの選手だったかを理解するためにも、二人の成績を比べてみよう。

ルースが本格的な二刀流をやったのは１９１８年と１９１９年の2年間だ。今回は、「二桁勝利・二桁本塁打」を成し遂げた１９１８年の成績を見てみよう。大谷がメジャー挑戦のために23歳で海を渡るちょうど１００年前である。ルースも同じく23歳だった（表

3-9　ベーブ・ルース（1918年）

打撃成績

試合数	95
打席数	382
打数	317
得点	50
安打	95
二塁打	26
三塁打	11
本塁打	11
打点	61
盗塁	6
四球	58
三振	58
打率	.300
出塁率	.411
長打率	.555
OPS	.966

投球成績

勝利	13
敗戦	7
防御率	2.22
試合数	20
先発登板	19
完投	18
投球回	166.1
被安打	125
失点	51
自責点	41
与四球	49
奪三振	40
WHIP	1.046

出典：Baseball Reference

3－9）。

この年は、第1次世界大戦の影響で、予定されていた154試合が短縮されて、ルースが所属していたレッドソックスは、レギュラーシーズンでは126試合しか戦っていない。当時は各リーグ8球団と、今の約半分のチーム数しかなかった。ア・リーグで1位に輝いたレッドソックスは、ナ・リーグの覇者シカゴ・カブスを4勝2敗で破り、ワールドシリーズで優勝した（この後、レッドソックスはルースをヤンキースに金銭トレードで放出し、長らく優勝から遠ざかったため、「バンビーノの呪い」としてジンクスになった）。

それまでのルースは、左腕の先発投手として活躍していた。1917年はメジャー

3位の24勝を挙げ、防御率はリーグ11位の2・01だった。打撃では、142打席で2本塁打、打率3割2分5厘、OPS・857を記録したが、打席に立つのは、投げている時に限られていた。

しかし、1918年のオープン戦で、いきなりホームラン2本を放つ。そのうち1本は、一説によると飛距離573フィート（175メートル）で隣のワニ園の池に落ちたという。5月4日の登板日にシーズン1号を打つと、次の試合では初めて野手として「6番・一塁」で出場し再びホームランを放った。翌日には、通算417勝の剛腕ウォルター・ジョンソンから、3試合連続となるホームランを打った。6月の時点で当時の新聞は、ルースを「ホームランキング」「メジャーリーグ最高の呼び物」と称した。あまりの無双ぶりに、当時のコラムニストが、「ほぼ一人の力でペナントレースを勝ったようなもの」と評したくらいだ。

しかし、5月中旬くらいには、二刀流の負担に不満を漏らすようになり、腕の張りや疲労を理由に登板を拒否するようになっていた。野手としては、左翼（46試合に先発）、一塁（13試合）、中堅（11試合）を守った。

時代の異なる選手を比較する上で、上記のような成績を単純に比較することはできない。ルールやプレースタイルが時代によって異なるからだ。例えば、1918年は、まだ「デッドボール（飛ばないボール）時代」で、ボールがボロボロになるまで使われ続け、ボールに唾をつけたり傷をつけたりすることが許されていたこともあって、ホームランや得点の少ない投高打低の時代だった。なので、ルースはわずか11本でホームラン王に輝いている。逆に、2021年であれば防御率2・22は堂々のメジャー1位の数字だが、1918年では14位だった。

それに同時代であっても、本拠地球場の広さやリーグの違いを考慮する必要がある。打者に有利なクアーズ・フィールドでプレーするロッキーズの投手は、他チームの同じ実力の選手に比べて防御率は悪くなるし、逆に打者は成績が良くなる。

なので、「歴代で最高の選手は誰か」といった疑問に答えるには、「同じ時代や条件の選手と比べてどれくらい突出しているか」を測る必要がある。

1918年のルースは、本塁打と長打率とOPSでメジャー1位、出塁率は2位だった。これだけ見ても、打者としてのルースが飛び抜けた存在だったことは想像がつく。打者に専念する選択をしたのも納得がいく。

OPS以上に選手の打撃力を正確に示すのがwRC＋という指標である。同じだけ打席に立ったその年のメジャー平均打者と比べて、どれだけ多くの得点を生み出しているかを算出する。四死球、単打、二塁打、三塁打、本塁打などの価値の違いを正確に反映し、球場やリーグの違いも考慮している。

このｗＲＣ＋で１９１８年のルースはメジャー1位の１８９を記録した。同年の平均打者より89パーセントも多くの得点を生み出したということだ。２０２１年の大谷のｗＲＣ＋は、メジャー5位の１５２だった。

投球に関しても、その年のメジャー平均に比べて、どれだけ防御率が優れているかを示すＥＲＡ＋という指標がある。ｗＲＣ＋と同じく、球場やリーグの違いを計算に入れている。

１９１８年のルースのＥＲＡ＋は、平均投手よりも22パーセント優れている１２２（メジャー14位）。２０２１年の大谷は、平均投手よりも41パーセント優れている１４１（１３０イニング以上投げている中で15位）だった。

１９１８年と２０２１年に限っていえば、打者としてはルースが上で、投手としては大谷が上だったと言える。

ルースのＷＡＲを見てみると、Baseball Referenceでは全体6位の７・０（野手４・７、投手２・３）、FanGraphsでは2位の６・７（野手５・２、投手１・５）となっている。短縮シーズンだったので単純に大谷の数字とは比べられないが、勝利への貢献度では大谷のように球界一ではなかった。

3-10　通算wRC+ 歴代上位10選手

1	ベーブ・ルース	1914-1935	197
2	テッド・ウィリアムズ	1939-1960	188
3	ルー・ゲーリッグ	1923-1939	173
3	ロジャーズ・ホーンズビー	1915-1937	173
3	バリー・ボンズ	1986-2007	173
6	マイク・トラウト	2011-現在	172
7	ミッキー・マントル	1951-1968	170
8	タイ・カッブ	1905-1928	165
8	ジョー・ジャクソン	1908-1920	165
10	スタン・ミュージアル	1941-1963	158

当の大谷はよく比較されるルースについてどう思っているのか。アメリカや日本の記者から幾度となく尋ねられているが、昔の人すぎてピンと来ていないようだ。

「よく比較していただいてはいるんですけど、個人的には神話の中のそういう人物だろうなと思うくらい現実から離れている存在だと思うので、なかなか自分で意識することというのはない」と2018年のシーズン後に語っている。

二刀流は短命に終わったが、ルースは打者に専念してからも、球史に残る成績を残した。

1919年は、投手を続けながら、シーズン最多記録を塗り替える29本のホームランを放つ。ヤンキースに移籍した1920年には、なんと他15球団中14球団の本塁打数を上回る54本塁打を打った。1918年から1931年までの14シーズンで、13度、ア・リーグトップのOPSを記録。通算714本塁打は、1974年にハン

3-11　通算WAR 歴代上位10選手　出典：Baseball Reference

1	ベーブ・ルース	1914-1935	183.1
2	ウォルター・ジョンソン	1907-1927	164.8
3	サイ・ヤング	1890-1911	163.6
4	バリー・ボンズ	1986-2007	162.7
5	ウィリー・メイズ	1948-1973	156.1
6	タイ・カッブ	1905-1928	151.5
7	ハンク・アーロン	1954-1976	143.1
8	ロジャー・クレメンス	1984-2007	139.2
9	トリス・スピーカー	1907-1928	134.7
10	ホーナス・ワグナー	1897-1917	130.8

ク・アーロンに抜かれるまで最多だった。通算wRC＋は197で歴代1位である（表3－10）。ワールドシリーズ制覇も、レッドソックスで3度、ヤンキースで4度、経験している。

通算WARでも、ルースは堂々の1位。もはや「チートキャラ」である（表3－11）。

もちろん時代背景の違いはある。ルースの時代は、アマからプロへの育成ルートなどなく、プロに入っても大金をもらえた訳ではない。なので、今ほどトレーニングに人生を捧げる技術の高い選手がしのぎを削ってはいなかった。ルースのように19試合に先発登板して、そのうち18度も完投するなんて、もはや有り得ない（2021年の最多完投数は3）。一人のスター選手が試合結果に与える影響は小さくなった。通算WARランキングの上位が昔の選手ばかりなのが、それを物語っている。

1918年のメジャーリーガーを現代に連れてきても、

そのままでは通用しないだろう。トレーニングの進歩で選手の運動能力や技術が上がったからだ。ルールや道具なども違うので、別競技とすら言えるかもしれない。なので、ベーブ・ルースと大谷が、なんの準備もなしに対戦するというのは、フェアな比較ではない。歴代ランキングの難しさ、面白さは、そこにある。

だが少なくとも、WARやwRC+などの指標で測った場合、ルースは「野球の神様」と呼ぶにふさわしい。大谷が二刀流で新風を巻き起こしたように、ルースも当時では有り得なかった豪快なホームランをかっ飛ばして野球ファンの拡大に貢献した。今なお続く、「ホームランが主役の野球」はルースから始まったのだ。

ルースはESPNが2022年2月3日に配信した「歴代最高の野球選手100人」という記事でも堂々の1位に選ばれた。

「今日、私たちが目にしている野球は、ベーブ・ルースが作ったものだ」と記事は紹介した。「これまでインパクトのある選手が何人も出てきて、国民的英雄になった者もいる。しかし、（人気球団の）ヤンキースに加わって、野球を『パワーのスポーツ』に変えたルースほど影響力のあった選手はいない。ルースほど時代を圧倒した選手はいない」

大谷がルースのキャリアに並ぶには、長い道のりが待っている。

ちなみに、フィールド外でも豪快で有名だったルースは、1918年にも「らしさ」を発揮している。The Ringerの記事によると（2018年3月27日配信）、登板を嫌がり、監督と口論になって一瞬ながらチームを去っている。「怠け者と呼ばれたので、殴るぞと脅した」と記者に事情を説明した。さらには、ワールドシリーズの登板前日に、列車の扉をパンチして利き手を負傷したが、そのままマウンドに上がって白星を挙げた。スプリングトレーニングでは、他の選手なら怪我をしてしまうくらいのペースで練習に励んでいたというが、それも早く終えて競馬場に行くためだったのではないかと当時の記者が推測している。

大谷とあまりに対照的で笑える。

日本人選手との比較

大谷の成績は他の日本人メジャーリーガーと比べると、どうなのか。

まず打撃から見てみよう。プレーする時代が異なる選手を比べるので、ルースの時と同じように、wRC+を用いる。Baseball Referenceによると、メジャーで1000打席以上を記録している日本出身選手（日本国籍でない人も含む）は11人で、通算での順位は以下の通りになる（表3－12）。

プレーした年数や年齢の違いもあるが、大谷は群を抜いている。規定打席に達した最も

3-12　通算wRC+ 日本出身選手

			年齢	wRC+	打席数	打率/出塁率/長打率
1	大谷翔平	2018-現在	23-27	135	1606	.264/.353/.537
2	松井秀喜	2003-2012	28-38	119	5066	.282/.360/.462
3	青木宣親	2012-2017	30-35	105	3044	.285/.350/.387
4	イチロー	2001-2019	27-45	104	10734	.311/.355/.402
5	福留孝介	2008-2012	30-35	102	2276	.258/.359/.395
6	岩村明憲	2007-2010	28-31	96	1755	.267/.345/.375
7	井口資仁	2005-2008	30-33	95	2079	.268/.338/.401
8	デーブ・ロバーツ	1999-2008	27-36	92	3092	.266/.342/.366
9	城島健司	2006-2009	29-33	91	1722	.268/.310/.411
10	田口壮	2002-2009	32-40	89	1524	.279/.332/.385
11	松井稼頭央	2004-2010	28-34	82	2555	.267/.321/.380

2021年終了時点、通算1000打席以上
ロバーツは沖縄で生まれ、日本人の母を持つ

良かった年のｗＲＣ＋を比べても、大谷の152（2021年）は、松井秀喜の140（2004年）、イチローの131（2004年）、青木宣親の112（2012年）、福留孝介の110（2009年）を上回る。ちなみに規定打席に達しなかった2018年の大谷のｗＲＣ＋は149だった。

2021年の大谷のｗＲＣ＋は、メジャー全体で5位。松井秀喜が自身メジャー最多となる31本塁打を記録し、イチローが262安打でメジャー記録を塗り替えた2004年でも、それぞれ20位と30位だった。

この差を生んでいるのは、なんと言っても大谷のパワーである。通算長打率・537は、メジャー史上で今のところ41位。40位は、通算630本塁打のケン・グリフィ

3-13　通算ERA+ 日本出身選手

			年齢	ERA+	投球回	勝敗	防御率
1	大谷翔平	2018-2021	23-27	125	183.2	13-5	3.53
2	ダルビッシュ有	2012-2021	25-35	120	1293.1	79-67	3.56
3	黒田博樹	2008-2014	33-39	115	1319	79-79	3.45
4	田中将大	2014-2020	25-31	114	1054.1	78-46	3.74
5	岩隈久志	2012-2017	31-36	111	883.2	63-39	3.42
6	前田健太	2016-2021	27-33	106	762	59-41	3.87
7	大家友和	1999-2009	23-33	105	1070	51-68	4.26
8	吉井理人	1998-2002	32-37	101	757.1	32-47	4.62
9	松坂大輔	2007-2014	26-34	99	790.1	56-43	4.45
10	野茂英雄	1995-2008	26-39	97	1976.1	123-109	4.24
11	川上憲伸	2009-2010	33-35	94	243.2	8-22	4.32
12	石井一久	2002-2005	28-32	90	564	39-34	4.44
13	伊良部秀輝	1997-2002	28-33	89	514	34-35	5.15
14	菊池雄星	2019-2021	27-30	86	365.2	15-24	4.97

2021年終了時点、通算150イニング以上

ー・ジュニアで、42位は通算586本塁打のフランク・ロビンソンと、殿堂入りした史上屈指の強打者二人に囲まれている。

大谷の打撃力は、イチローや松井秀喜を含めて、これまでの日本人選手とは比較にならないレベルなのだ。

次に投球成績を見てみよう。大谷が通算で1シーズン分くらいのイニング数しか投げていないので難しいが、とりあえず60パーセント以上の登板が先発で、通算150イニング以上投げた投手の通算ERA+で順位をつけた。Baseball Referenceによると、条件に合う日本出身選手が14人いる（表3－13）。

最も良かった年を見ると、次のような

3-14　シーズンERA+ 日本出身選手

		年度	ERA+
1	ダルビッシュ有	2020	224
2	前田健太	2020	160
3	松坂大輔	2008	160
4	野茂英雄	1995	149
5	ダルビッシュ有	2013	145
6	田中将大	2016	140
7	岩隈久志	2013	138
8	大家友和	2002	134
9	野茂英雄	2003	131
10	黒田博樹	2012	127

規定投球回数達成者のみ

順位になる（表3－14）。

規定投球回には到達していないが、大谷の2021年は141、2018年は127と、歴代の日本のエースたちと張り合う数値だ。健康で投げている時の大谷は、ダルビッシュや田中と遜色ない。

最後に、総合貢献度のWARを比較する。これは累計であるため、一般的には長くプレーすればするほど高くなる。Baseball Referenceによると、以下が日本出身選手の通算WAR上位10人である（表3－15）。

通算1位はダントツでイチローの60。メジャー史上でも191位である。投手ばかりが並ぶ中、ひときわ輝きを放っている。

そして、こちらが投手と打者のシーズン最多WARの上位10傑である（表3－16）。投手と

3-15 通算WAR10傑 日本出身選手

			年齢	WAR
1	イチロー	2001-2019	27-45	60.0
2	ダルビッシュ有	2012-2021	25-35	26.4
3	松井秀喜	2003-2012	28-38	21.2
4	野茂英雄	1995-2008	26-39	20.9
4	黒田博樹	2008-2014	33-39	20.9
6	田中将大	2014-2020	25-31	17.4
7	岩隈久志	2012-2017	31-36	16.9
8	大谷翔平	2018-2021	23-27	15.1
9	上原浩治	2009-2017	34-42	13.5
10	長谷川滋利	1997-2005	28-37	11.6

出典：Baseball Reference

しては岩隈が1位というのを意外に思った人もいるはずだ。2013年の岩隈はメジャー全体で8位、投手としては2位だった。データを見ていると、ただ試合を見ているだけでは気づきづらい選手の活躍が見えてきて面白い。

2021年の大谷は投打を合わせると9・1で、2004年のイチロー（9・2）に次いで2位である。でも、こういう見方もできる。打者・大谷と投手・大谷が別の人物だったら、それぞれ日本人の中ではトップ10入りするくらいの活躍をしたということだ。大谷を「ダルビッシュと松井とイチローを合わせたような選手」と形容するアメリカのファンに何人も会ってきたが、数字もそれを示している。

大谷の活躍を紹介する際に日本メディアがよく使う、「日本人初となる」「日本人ではXX人

3-16　シーズンWAR10傑

日本出身野手		年度	WAR
1	イチロー	2004	9.2
2	イチロー	2001	7.7
3	イチロー	2007	5.8
4	イチロー	2003	5.6
5	イチロー	2008	5.4
6	イチロー	2006	5.3
7	松井秀喜	2004	5.0
8	大谷翔平	2021	4.9
9	イチロー	2009	4.7
10	松井秀喜	2005	4.5

日本出身投手		年度	WAR
1	岩隈久志	2013	7.0
2	ダルビッシュ有	2013	5.6
3	松坂大輔	2008	5.4
4	黒田博樹	2012	5.3
5	田中将大	2016	5.2
6	野茂英雄	1996	4.7
6	野茂英雄	1995	4.7
8	大谷翔平	2021	4.1
8	ダルビッシュ有	2017	4.1
8	松坂大輔	2007	4.1

出典：Baseball Reference

目」といった表現には、正直、違和感を感じる。これまでの説明で分かるように、大谷の活躍というのは「日本人選手」という枠で測るべき次元ではないのだ。大谷は投打のそれぞれで、メジャーのトップ選手と遜色ない活躍をして、二刀流というメジャー史上でも前例のない偉業を成し遂げている。日本人選手との比較で語るのは過小評価につながりかねない。

また、これまでの比較を読んで、「イチローと松井を貶めている」と感じた人もいるかもしれないが、そんなつもりはもちろんない。

イチローは、ステロイド全盛期に、他の選手と全く異なるスタイルでプレーしてファンを魅了した。バットをボールに当てる技術では、史上最高クラスだと評される。アメリカの野球ファンと話すと、今でもみんな興奮してイチローのスピード感あふれるプレーを称賛する。米野球殿堂入りも間違いない。しかし、データが示す実際の打撃での貢献度という点では、当時の評価に比べると低いのは事実だ。出塁率と長打率が、そこまで高くないからだ。

もちろん、統計分析が進んでいなかった当時は、打率や安打数が重視されていたので、「イチローはそれに応えただけ。求められていれば出塁や長打が出るスタイルに変えたはず」という指摘も分かる。

また、長打では秀でた数字ではなかったのに、トップクラスのWARを記録していたということは、いかにイチローの守備や走塁が素晴らしかったかを物語っている。FanGraphsによると、イチローの走塁での通算貢献度は、リッキー・ヘンダーソン、ティム・レインズに続くメジャー史上3位である。

大谷と同じように、イチローも「他の日本人選手と比べて活躍した」のではなく、最多通算安打記録を持つピート・ローズに並ぶような、メジャーリーグ史に名を刻む選手として讃えられている。イチローを他の日本人選手と比べるのも、また過小評価につながるだろう。

松井秀喜も、人気球団ヤンキースで中軸を打ち、ワールドシリーズなど大事な場面で活躍したことで、特にニューヨークのファンからは今でも人気がある（ただし、日本で強調される「ヤンキースの4番」に、アメリカ人は同じような特別感は抱いていない。アメリカでは最高打者は「3番」というイメージが強い）。だが、アメリカに来た時には28歳で、大谷に比べると5年も遅かった。

一般的に、野球選手がピークを迎えるのは、27〜30歳だと言われる。なので、メジャーリーグを取材するものとしては、どうしても才能ある選手には早く海を渡って挑戦してもらいたいと思ってしまう。

2022年の成績は？

では、大谷にとっての、次の物語は何なのか？

忘れてはならないのは、大谷がアメリカに来てからの4年間で、シーズンを通して二刀流をやり遂げたのは、まだ1年だけだということだ。

大谷のレガシーは、これからの活躍次第で大きく変わる。2021年のようなハイレベルな成績を維持できるのか。いつまで二刀流をやり続けるのか。やり続けたとしても、今のような起用法が続くのか。もしどちらかに絞ることになった時、どちらを選ぶのか。疑問は尽きない。

あまりに不確定要素（最も大きいのは健康状態だろう）が多いので、答えを予想するのは不可能である。それを踏まえた上で、今ある情報をもとに考えられるシナリオを説明していこう。

まず気になるのは、2022年の起用法だが、エンゼルスのミナシアンGMは、2021年とほぼ変わらないだろうと述べている。

本人が無理だと訴えない限り、指名打者と先発投手として試合に出場し続けるはずだ。もっと外野を守ってほしいという声もあるが、準備に要する時間や肉体的負担を考えたら、これ以上を求めるのは酷だ。ただし、2021年に何度かあったように、投手としての役目を終えた大谷を、もう一度打席に立たせるため1イニング限定で外野を守らせるのは問題ない、とマドン監督は話した。

新しい労使協定では、ナ・リーグでもDH制が採用されることになった。打者・大谷にとっては出場機会が増えることになる。朗報だ。これまでは、ナ・リーグ球場での交流戦ではDHがないため、大谷は登板しない限りは代打での起用しかなかった。

2021年の活躍を受けて、ファンや記者の大谷に対する期待値も跳ね上がったのは間違いない。大谷自身もNHKのインタビューで、「今年の数字がやっぱり最低（ライン）」と答えている（2021年10月14日放送〔日本時間〕）。

だが、2021年を超えるのは、並大抵のことではない。

大谷はFanGraphsのWARで、2021年のメジャー最高となる8・1を記録した。過去のデータを見ると、「MVPほぼ確実」と言われる8以上のWARを達成したことのあるスター選手たちの多くが、通算で一度しか記録していない。

大谷のように大活躍した選手の成績が「後退」するのは、統計的に自然なことだ、とFanGraphsのライターであるダン・ジンボースキーは言う。これ以上に良くなる理由よりも、悪くなる理由の方が多いからだ。サイコロで5が出た後、それより低い1〜4が出る確率の方が、5や6が出る確率よりも高いのと同じ発想だ。

ムーキー・ベッツ、ホセ・アルトゥーベ、ジャンカルロ・スタントン、クリス・ブライアント、ブライス・ハーパーといった近年のMVP受賞者を見ても、翌年は成績が下がっている。過去10年で、連続でMVPを受賞しているのは、2012年と2013年に選ばれたミゲル・カブレラだけだ。

統計の専門家であるジンボースキーは、ZiPS（sZymborski Projection System）と呼ばれる選手の成績予想システムを考案したことで知られる。選手の成績や年齢、ポジション、プレースタイルなどをもとに、過去の似た選手のデータと比較して算出される。

二刀流は過去に例がないため、加齢による成績の変化が予想しづらいと前置きしつつも、ジンボースキーはZiPSによる大谷の2022年の成績予想を教えてくれた。

打者としては、打率2割5分4厘、出塁率3割5分8厘、長打率・551、37本塁打、3・6WAR（2021年の成績は、打率2割5分7厘、出塁率3割7分2厘、長打率・592、46本塁打、5・1WAR）。

投手としては、21試合に登板して防御率3・51、2・6WAR（2021年は、23試合に登板して防御率3・18、3・0WAR）。

投打ともに、今年の成績を下回る予想だ。それでも、投打を足し合わせた6・2WAR

は、2021年の事前予測に当てはめるとメジャー5位というMVP級の数字である（本書執筆時点で、まだZiPSによる2022年の全選手の算出は終わっていない）。

別の予測モデル Steamer も、打者として打率2割5分8厘、出塁率3割6分3厘、長打率・534、39本塁打、3・5WAR。投手としては、28試合に登板して防御率3・68、3・1WARとの予想だ。

ちなみにジンボースキーの計算では、大谷が今後のキャリアで2021年のWARを上回る確率はわずか12パーセントだ。

「それだけすごいシーズンだったということ」とジンボースキーは言う。「WARが8のシーズンを続けるのは、本当に難しいんです。大谷の同僚マイク・トラウトは成し遂げている数少ない選手の一人。たとえ、大谷が今後、達成できなくても、2021年の活躍は語り継がれます。できれば、もう一度やってほしいですけど」

ちなみに、ZiPSが現時点で打者・大谷と似ていると判断したのは、カーク・ギブソン、ラリー・ウォーカー、デレック・リー、ショーン・グリーン、J・D・ドリューなどだ。投手・大谷だと、A・J・バーネット、ベン・マクドナルド、オーレル・ハーシュハイザー、ジェイソン・シュミット、そして若かりし頃のバートロ・コロン。

2021年のような打撃を続けた場合、バリー・ボンズやダリル・ストロベリー、フレッド・マグリフ、ウィリー・マッコビーなどがリストに加わると言う。

成績が伸びる余地が大きいのは投球だ。

前章でも述べたように、怪我による実戦・練習不足でぎこちなかった投球動作がシーズン後半に安定し、制球力が上がってきた。２０２１年の前半戦では、９回あたりの与四球が4・70だったのが、後半戦には1・28に激減。防御率も3・49から2・84に下がった。

さらには球数を抑えて長いイニングを投げる術も身につけた。

強敵レッドソックスを相手に７回を投げて無四球で終えた２０２１年７月６日の試合後、相手のアレックス・コーラ監督は、２０１８年に対戦した時と比べて力強い球は変わらないが、持ち球を生かす術も身につけて一段と良いピッチャーになったと大谷を褒めた。

マドンは、カブスの監督時代の選手だったダルビッシュと大谷の似ている点を訊かれ、試合中の感覚で投球を自在に変えられるところだと述べた。例えば、ストレートの制球が安定しない日は、試合中に変化球を中心の組み立てに切り替える。

エンゼルスのスタッシ捕手も、大谷が投球内容を変化させられるため、相手打線は作戦を立てづらいと言う。５種類以上の球を、調子によって自在に組み合わせられるため、バッターを打ち取る方法をいくつも持っている。

「（大谷は）91マイルの速球を持っているけど、99マイルも投げられて、バッターはどっちが来るのか分からない」とスタッシ。「67マイルのカーブを投げた直後に97マイルの速球を投げるんだから、もう不公平だよ」

それでも大谷自身は、まだまだ改善できる余地がある、と2021年の最終戦前に語った。

「特にピッチングの方は、今年1年、探り探りの部分が多かったので、特に前半戦も復帰して何試合かは探っている部分の方が強かったので、もっと自信を持って投げれるように、1年間通して自分のパフォーマンスができるようやっていけば、より良いシーズンになるかなと思う」

マドン監督は投打の両方で成績アップの可能性を指摘した。2021年後半の調子で今季も入れれば、投球イニング数は増えるだろうと言う。打撃では、中軸のトラウトとレンドーンが戻ってくる予定だ。この二人が前や後ろを打てば、大谷もストライクゾーンの球が増えるし、「自分がなんとかしないと」という重圧もなくなる。

二刀流の難しさは、準備にかかる時間、そして肉体や精神への負担にある。なので、年齢的にもピークを迎えるであろう大谷が、今年のような成功を繰り返せるかは、健康な状態で試合に出続けられるかにかかっている。

大谷自身も、「一番は健康でシーズンを通して出続けること」と帰国後の記者会見で語った。

エンゼルス奮起なるか？

大谷が更なる高みに到達するには、二刀流を続けると同時に、やはりポストシーズンでの活躍が求められる。

野球史に刻まれるほどの活躍も、エンゼルスがポストシーズン争いに絡めていれば、更に盛り上がったのは間違いない。野球ファン以外のアメリカ人がメジャーリーグに目を向けるのは、ワールドシリーズくらいなのだ。

本人も「勝ちたいという気持ちは、毎年、毎年、高くなっている」と口にした。

2021年のエンゼルスは、77勝85敗で西地区4位に終わった。シーズン前の期待を下回る結果ではあったが、トラウトやレンドーンなどの主力を怪我で失った割には健闘したとも言えなくはない。

打撃では、1試合あたりの得点はメジャー30チーム中17位の4・46、チームOPSは19位の・717だった。

誰もが首を長くして待っているのが、チームの「顔」であるトラウトの復帰だ。2012年にメジャーに定着して以来、毎年のように最高レベルの成績を残し、MVPを既に3

度受賞し、2位にも4度選ばれている。トラウトは伝統的な指標を見ると、首位打者や本塁打王などのタイトルをとっていないため、どれくらいすごい選手なのか分かりづらいかもしれない。だが、通算で、打率3割5厘、出塁率4割1分9厘、長打率・583、OPSは1・002と「化け物」級の数字を残している。

前出の通算wRC+のリストを見ると、ベーブ・ルース、テッド・ウィリアムズ、ルー・ゲーリッグ、ロジャーズ・ホーンズビー、バリー・ボンズに続く6位。今引退しても、殿堂入りするだろうとすら言われている。誰もが認める現役最高選手だ。

身長188センチ、体重100キロ超というラガーマンのような体躯でベースを駆け回り、壁際のジャンピングキャッチでホームランをもぎ取る姿は圧巻。メジャー挑戦を発表した鈴木誠也も憧れの選手だと語っている。

トラウトのすごいのは何といっても「安定感」だとエンゼルス番記者のフレッチャーは言う。

「クリスチャン・イエリッチやコーディー・ベリンジャー、ムーキー・ベッツなどの素晴らしいシーズンを送る選手が現れるたびに『トラウトに匹敵するか?』という議論になるけど、必ず成績が落ちるシーズンがある。それがないのが、トラウトが他のMVP級選手に最も差をつけているところ」

2021年は5月にふくらはぎを痛めて欠場し、そのまま痛みがひかず、わずか36試合の出場に終わった。それでも怪我をするまでは、いつも通りの活躍だった。

これだけの存在でありながら、トラウトには気取ったり驕《おご》ったりするところが全くない。加えて「気さくな兄ちゃん」といった感じで、練習中やクラブハウスでは笑顔を絶やさない。加入したばかりの大谷にも「ショーイー」というあだ名で呼んで積極的に絡んでいた。

スタンドの子供たちに話しかけたり手を振ったりと、ファンサービスもおこたらない。野球記者の間では、ナイスガイとして知られている。コロナで入れなくなるまでは、ロッカールームで話しかけても気軽にインタビューに応じてくれた。

飛び抜けた才能を持つスーパースターでありながら、そのようには振る舞わない。野球少年のように楽しそうにプレーし、上手くなることに貪欲。トラウトと大谷には、そうした共通点を感じる。野球界を背負う重圧を理解しあえる相手がチームにいるのは、二人にとって心強いだろう。

トラウトは2019年開幕直前に、12年総額4・26億ドルで新契約を結んだ。エンゼルスで現役生活を終えようという姿勢に、ファンのトラウトへの支持は確固たるものになった。しかし、30歳になったトラウトはポストシーズンには1度しか出場していない。なのでエンゼルスは、「トラウトの史上屈指の才能を無駄にしている」とことあるごとに非難されている。

そのトラウトがピークのうちに何とかポストシーズンに進出しようと、エンゼルスが2019年12月に7年総額2・45億ドルで獲得したのがアンソニー・レンドーン三塁手（31）だ。2017年から2019年の3シーズンでは、メジャー5位のOPS・953を記録した。2020年も、エンゼルス1年目の2020年も、トラウトに次ぐOPS・915で期待に応えた。しかし、2021年は故障に悩まされ続け、8月に右股関節の手術を受けてシーズンを終えた。58試合にしか出場できずOPS・712という残念な結果だった。

トラウトとレンドーンの抜けた穴を埋めんとばかりに奮闘したのが、一塁手のジャレッド・ウォルシュ（28）だ。2015年のドラフト39巡目に指名されたウォルシュは、大学やマイナーリーグで華々しい成績を残した訳ではない。しかし、辛抱強くチャンスを待ち、2020年に才能が開花した。2021年は29本塁打、OPS・850でオールスターゲームにも出場した。一時期、エンゼルスがリリーフ投手としても起用して話題になったこともある。

大谷、トラウト、レンドーンとウォルシュが打線に並んで実力を発揮できれば、他チームにとっては「最恐カルテット」となる。

他にも、内野にはゴールドグラブ賞候補にも選ばれる守備力と堅実なバッティングが売りのデービッド・フレッチャー、外野にはベテランのジャスティン・アップトンと若手有望株のジョー・アデルとブランドン・マーシュなど、最低限必要な駒は揃っている。

問題は投手陣だ。

エンゼルスのチーム防御率はメジャー22位の4・69。先発もリリーフも大幅なレベルアップが求められている。

チームもそれは百も承知で、メッツでワールドシリーズも経験している剛腕ノア・シンダーガード(29)を1年2100万ドルで獲得した。シンダーガードは、右肘の怪我で、この2シーズンで2イニングしか投げていないリスクはあるが、以前のオールスター級の状態に戻ればエースとして活躍する可能性がある。

ブルペンでは、ロックアウトに突入する直前に、ライセル・イグレシアスと4年総額5800万ドルで再契約した。イグレシアスは2021年にエンゼルスのクローザーとして、防御率2・57、34セーブを記録し、オフの目玉FA選手の一人だった。また、左腕アーロン・ループを2年総額1700万ドルで獲得。メッツで65試合、56・2イニングを投げて防御率0・95、WHIP0・94と活躍した。

さらに、元レッズのマイケル・ロレンゼンと1年675万ドルで合意。ここ6年間はリリーフで起用されていたが、エンゼルスは先発候補として考えているという。外野手としても34試合に出場したことがあり、147打席で本塁打7本、OPS・710を記録。大谷の次に二刀流で成功している現役選手だといえる（執筆時には、この4人が主な補強だったが、発売時までに更なる補強をしていることは十分に考えられる）。

しかし、補強にも限界があるとフレッチャー記者は言う。

「オフシーズンの補強だけでは、弱いチームから強いチームにはなれない。良い選手はどのチームも欲しがるから、2021年の77勝から地区優勝を狙える95勝に一気に到達するような補強など無理。本当に強くなるとしたら、主な理由は、今いる選手が健康で活躍することだろう。それはオフにどうこうできる問題ではなく、結果を見てみるしかない」

大谷がメジャー最高の成績を残してもチームは勝ち越すことすらできないのだから、野球は数人の力だけでは勝てないのは明らかである。2021年のポストシーズンで強さを見せたブレーブスやアストロズ、ドジャーズ、ジャイアンツのように、野手と投手のそれぞれで、数人を故障で失っても乗り切れるような厚みが必要なのだ。

2022年の結果は、大谷の決断にも影響を及ぼす可能性がある。

昨シーズン終盤には、勝てない状況へのフラストレーションを大谷が口にしたことで、「エンゼルスを離れたがっているのでは」との憶測が広がった。エンゼルスに残りたい気持ちはあるのか、と現地記者に聞かれた大谷は、こう答えた。

「そうですね。もちろんファンの人も好きですし、球団自体の雰囲気も好きではあるので。ただ、それ以上に勝ちたいという気持ちの方が強いですし、プレーヤーとしては、それの方が正しいんじゃないかと思います」

大谷は29歳になる2023年のシーズン後に、エンゼルスとの契約が切れて他チームと契約できるようになる。それを避けるため、エンゼルスは2023年開幕までに大谷に契約延長を提示するだろう。

契約額については、年俸5000万ドルなど、様々な憶測が飛び交っている。だが、前例のない二刀流は過去の選手と比較できないため予想は難しい。負担の大きい二刀流を続ける大谷が、加齢でどう成績が変化するのか。あと何年、二刀流を続けられるのか。

「いつか球団は投打のどちらかに絞るように求めるかもしれない」とフレッチャー記者。

「そうすると価値が変わってくる。なので契約内容を工夫する必要があるかもしれない。二刀流をやっている場合はXXドルもらえるけど、前年に先発登板しなかったら額が変わるとか。どうなるか分からないが、複雑にはなると思う。言えるのは、私が契約交渉する立場でなくて良かったということ」

もし2023年のシーズンが始まるまでに合意に至らなければ、大谷が移籍を望んでいる可能性が高い。それまでにエンゼルスは強いチームを作れることを示す必要がある。

2022年3月時点では、多くの専門家が、アストロズが再びア・リーグ西地区1位になるだろうと予想している。その次がエンゼルスかマリナーズで、ワイルドカード争いをすると見られている。新労使協定でポストシーズン枠が、これまでの10チーム（各リーグ5）から12チーム（各リーグ6）に拡大されたのは幸いだろう。エンゼルスにとっても勝負の1年になる。

データとの付き合い方

この章ではたくさんの数字が出てきて「複雑」「難しい」と感じた方もいるかもしれない。確かに野球を楽しむのに数字は必要ない。特大ホームランやダイナミックな守備や走塁など、プレーを見ているだけでも魅力は感じられる。

しかし、「誰が一番すごいのか？」に興味がある人も多いはずだ。順位やランキングは、スポーツの大きな魅力である。野球関連のYouTubeでも、「歴代最高」「ベストナイン」は人気の企画だ。しかも、大金が絡むプロの世界では、どのチームも限られた資金でいかに強いチームを作るかを考えている。各チームによる選手の価値の見極めが、勝敗を分ける大きな要素になる。選手の移籍が活発なメジャーでは、ファンとしてもトレードやFA選手の獲得などを評価する楽しみもある。

これまでの野球は、元選手が主に経験と直感に頼って、その見極めを行ってきた。昔から統計分析で選手の実力を測ったり、勝つための最適な戦術を考えたりするセイバーメトリクスという手法を研究する人々はいた。しかし、野球関係者は、大したプレー経験もない彼らを、「オタクが机上の空論を語っているだけ」と相手にしてこなかった。

そんな状況は『マネー・ボール』の発売で大きく変わる。この本は、スポーツ関係者やビジネスパーソンにデータに基づく経営の重要性を気づかせた。さらに、野球経験は乏しいが頭脳明晰な若者が、球団経営に携わりたいと考えるようになった。2021年にメジャー最多の107勝をあげたジャイアンツの功労者、ファーハン・ザイディ編成本部長もその一人だ。名門マサチューセッツ工科大学を卒業し、ボストンコンサルティンググループに勤めた後、カリフォルニア大学バークレー校で経済学の博士課程在学中に、『マネー・ボール』の主人公であるアスレチックスのビーンGMのもとでデータ分析補佐官として働き始めた。

今やどのメジャーリーグの球団も、どの選手をどのくらいの給料で獲るべきかといった人事から、打者に応じてどんな守備陣形を取るべきかといった戦術にわたるまで、セイバーメトリクスを中核に据えるようになってきている。そうしなければ、不利な立場に立たされることを理解したのだ。

2018年のシーズン後に、エンゼルスが新監督探しをした時、エプラーGMは、選手とうまくコミュニケーションをとれること、そして確率を基に物事を考えられることを条件に挙げていた。極秘である候補との面接での質問を、エプラーGMが一つだけ明かしてくれた。

「メジャーリーグで三者連続三振が起こる確率はどれくらいか」（正解は1パーセント）。

試合中の指揮官である監督にも、自ら計算式を考え出す必要はないものの、確率を理解して采配に取り入れることが求められるのだ。例えば、20年くらい前までは、無死、走者一塁の場面で、犠牲バントをしてランナーを進めることがメジャーでも当たり前だった。しかし、今はそれが得点の期待値を下げることが分かり、ヒットを狙うのが常識になった。

セイバーメトリクスの浸透で、監督の役割も変わってきた。現代のメジャーの監督の役割は、日本の野球ファンが抱いているよりもずっと小さい。

「以前は、監督が試合中の采配や、誰をどこで使うかということを決める権限を持っていたけど、今はGMと監督が協力して決めている」とベテラン記者のフレッチャーは言う。

大谷も、そうした最新の考えを取り入れていると感じさせるコメントを残している。

例えば、雑誌『Number』（2021年12月発売）のインタビューで、打撃ではホームラン数よりもOPSを重視していると語っている。理想は、トラウトのように、フォアボールを選びつつ甘い球を長打にして、出塁率4割以上、長打率・600以上で、OPSが1・000を超えることだと言う。

投手としての10勝についても、何のこだわりもないという。防御率やWHIPが良ければ、自然と達成できると知っているからだ。自分がコントロールできることに集中し、コントロールできないことに一喜一憂しない。

「任された試合は、勝つ勝たないというよりも、勝つ可能性を残してマウンドを降りられるかどうかが一番かなと思う」と述べている。「運」の要素が大きい指標に振り回されない「頭の良さ」を感じる。

コーチ陣も大谷が積極的にデータを活用していると言う。投手コーチのワイズは、大谷はボールの回転数だけでなく、回転効率や変化の方向や量を見ていると述べた。

「今の時代は本当に情報が多くて、投手とそれを一緒に見る時は、パイロットのデブリーフィングをしているような感じ」だとワイズは言う。

セイバーメトリクスの普及で野球がつまらなくなった、という批判もある。

これまでメジャーには、いろいろなスタイルのチームや選手が共存していた。とにかく強打者を揃えるチームもあれば、バントや盗塁など機動力を使って1点をとりにいくチームもあった。どれが正しいかは見る人次第だった。しかし、統計分析によって、「最適解」が分かってきて、どの球団もそれに則ったチーム作りをするようになった。

マドン監督は、常識にとらわれない采配で、これまで最優秀監督賞を3度受賞している。セイバーメトリクスを積極的に取り入れるレイズやカブスをワールドシリーズに導いた。そのマドンも野球の画一化を危惧している。

「野球がつまらないと言う人は、エンゼルスだろうがドジャーズだろうがブレーブスだろうが、どのチームも同じ『楽譜』を見てプレーしていると言う」とマドン。「私もそれがマンネリ化を生んでいると思う。……数字は素晴らしい。私も長い間、それに頼ってきたが、どのポジションでも同じようなタイプで同じような技術を持った選手ばかりにしたいとは思わない。スピードのある選手も欲しいし、ライトにポテンヒットを打てるような選手も欲しいし、試合終盤に満塁の大事な場面で打者にゴロを打たせられるような投手も欲しい。もっと個性が復興してほしい。このスポーツにはそれが必要なんだ」

しかし、データ野球の波は止まらないだろう。

スタットキャストの導入によって、試合中に起きるあらゆるプレーが数値化されるようになった。打者がどれくらいの強さで、どんな角度でボールを打ったのか。ランナーがどれくらいの速さで一塁から三塁に走ったのか。外野手はどんなルートで、どれくらいのスピードで打球を追いかけたのか。投手の変化球は、どの位置でリリースされたのか、どれくらいの回転数で、どの方向に何センチ曲ったのか。

全てのプレーで、そうしたことが測定されるのだから、とてつもない量のデータになる。どのチームも同じ情報が手に入るので、それをどう分析して生かすかが勝負の分かれ目になる。今では全30球団が、データ分析を担当する部署を設けて、何人もの統計やコンピュータ科学のスペシャリストを雇っている。ザイディのように博士号を持つ人もいる。シリコンバレーのテック企業で働くような優秀な人材を野球がひきつけ始めた。そうした人が、編成や試合にデータを活用する独自の方法を日々、考え出そうとしているのが現代のメジャーリーグなのだ。

10年ほど前、『マネー・ボール』の主人公、ビーンGMにインタビューする機会があった。彼は既にその時、「貧乏球団でもデータを有効活用することで金持ち球団に勝てたのは過去の話」だと語っていた。今では優秀なスタッフを何人も雇える金持ち球団が有利なのだと。ビーン自身は、データ分析が進んでいないサッカーに目を向けているのだと教えてくれた。

私が初めてセイバーメトリクスに触れたのは、アメリカの小さな地方新聞社でスポーツ記者として働き出した時である。同僚に元プロのポーカープレーヤーでセイバーメトリクスに詳しい記者がいた。確率や科学を重んじる彼は、ことあるごとに打率や打点といった数字で選手を評価する他の記者を諭そうとしていた。私も突っ込まれたことが多々あるが、彼の話を聞けば聞くほど腑に落ちた。筋が通っていて、きちんと数字で証拠を示したからだ。

私自身、子供の頃から大好きな野球を見ていて、疑問を感じることが多々あった。「この投手は、4点も取られたのに、何で味方が大量に点を取ってくれたおかげで『勝ち投手』になるのか」「(ファンだった)松井稼頭央が、他のショートが追いつけない打球に触ってそれがエラーになるっておかしくないか」

セイバーメトリクスは、そうした疑問に答えてくれた。野球がつまらなくなるどころか、違った楽しみ方を与えてくれた。

「野球は数字では測れない」と反発する人もいる。しかし、そういう人も打率や本塁打、投手の勝敗という「数字」を使って選手を評価している。昔から野球は、他のスポーツに比べて、たくさんの指標を使い続けてきた。打率や打点、セーブ、ホールド、守備率など。しかし、統計分析の進歩で、それらは必ずしも選手の実力を正確に反映しないと分かってきた。だから、代わりにもっといい指標を使おう、というだけの話である。

セイバーメトリクスについて、もっと知りたいと思った方には、まず『マネー・ボール』を読んでいただきたい。私が運営するYouTubeチャンネル「ShoTime Talk」でも解説動画を配信しているので、ぜひご覧になってほしい。野球の楽しみ方が、また一つ増えるはずだ。

4章　アメリカが見た大谷翔平

ダッグアウトを歩く大谷翔平＝2021年10月２日
（写真提供：朝日新聞社）

最終となるこの章では、アメリカのファンへのインタビューを通して、大谷のどんなところに魅力を感じているかを探る。さらに、「全米熱狂」と日本で報じられる人気ぶりは実際のところどうなのか。変化するアメリカの社会事情などを交えながら解説しよう。

初ホームランボールにまつわるドラマ

大谷が記念すべきメジャー初本塁打を放ったのが、2018年4月3日、本拠地での初打席だった。打者・大谷の「ホームランショー」の幕開けだったとも言える。

そのホームランボールを最初に手にしたのが、外野席最前列で観戦していたクリス・インコーバイアさん。彼はその歴史的なボールを拾い、躊躇なく隣に立っていたエンゼルスファンの男の子に譲った。3年ぶりに記念球に関わった二人に連絡をとり、ホームランの瞬間や大谷との面会を改めて振り返ってもらった。

オハイオ州クリーブランド出身のインコーバイアさん(36)は、物心ついた時から地元インディアンズの熱狂的ファンだった。今はフロリダ州タンパで高層ビルの建築技術者として働いている。

大谷が初ホームランを打ったエンゼルス対インディアンズの試合は、ちょうどロサンゼルス出張と重なっていたため、「これは行くしかない」と奮発して右中間スタンド最前列の席をとった。試合の直前まで、大谷については「ほぼ何も知らなかった」と言う。

一緒に観戦した同郷かつ同僚であるアダム・ジーアックさん（37）に、「二刀流のすごい選手がいる」と説明を受けた。「ベーブ・ルースのような、もしくはそれ以上の存在になり得る。現代野球で彼ほどの可能性を見せた選手はいない」と。

1回裏、走者二、三塁という場面で、大谷はホームランを放った。オープン戦での不振を忘れさせるような強烈な当たりだった。

「ボールが上がって、こっちに飛んできましたが、捕れるほど近くはないだろうと思いました」とインコーバイアさん。「アダムが右隣で『とりに行け！』と言っているのが聞こえました。でも人を押し除けたり、飛び越えたりして捕るなんて絶対に嫌でした」

ボールは人だかりができていたインコーバイアさんの左側の通路階段に落下した。インコーバイアさんは足元に転がってきたボールを拾った。顔を上げると、後ろの席に座っていてさっきまで雑談していたという当時9歳のマシュー・グティエレズくんと目が合った。すかさずボールをマシューくんのグラブに入れて、優しく背中を叩いた。

「大谷のボールだということは分かっていましたが、ボールをあげることが正しいことだと心の中で分かっていました」とインコーバイアさん。「男の子もボールを大谷に返してしまいましたが、それでも僕よりずっと喜んでいたはずです」

インコーバイアさんがボールを拾うのを見たジーアックさんは、当然のことながら興奮していた。

「『これはすごいことだぞ！　ボールはどこ？』と聞くと、『あげちゃったよ』と言うんですよ」とジーアックさん。「信じられなくて、ポケットに入れたんだろうと思いました。でも『本当にあげちゃったんだよ』と言うので、『お前、自分が何やったか分かってるのか』と言いました」

「正直、しばらくの間は、クリスがボールをあげてしまったことに腹を立てていました。あれは球史に残るボールだからです。でも試合の中盤くらいに、球場が静かになった時に、マシューくんが、お父さんに『人生で最高の日だね』みたいなことを言ったのが聞こえたんです。それを聞いて気持ちが楽になりました。自分が9歳の時にインディアンズの試合で、あんな思いをしたら最高だったはずですから」

エンゼルスの地元オレンジ郡で生まれ育ち、物心ついた時からチームのファンだというマシューくんは、年間10試合以上は球場で観戦している。その日は、父親と二人で来ていた。当時はリトルリーグでピッチャー、ショート、レフト、ファーストをこなしていた。

「（大谷が）良い選手だとは知っていました。エンゼルスは良い選手を手に入れたと。投手と打者の両方をこなすと聞いていたからです」

ホームランの瞬間、近くに来るのが分かり、グラブをはめた手を伸ばした。ボールは捕れなかったが、インコーバイアさんがすぐに手渡してくれた。

「めちゃくちゃ興奮したのを覚えています」とマシューくん。「グローブにボールを入れて何度もお父さんに見せました。ゲットできたなんて信じられませんでした」

10分もしないうちにエンゼルスの職員がやって来た。「大谷に記念球を譲ってくれないか」とお願いされたマシューくんは快諾した。

「大谷にとって大事な初ホームランなので、譲るのが正しいことだと思いました。メジャーリーグでも活躍できることを見せた第一歩でもあるので」

その時、エンゼルスの地元紙オレンジ・カウンティ・レジスターの記者として球場の記者席に座っていた私は、ボールを捕った観客に話を聞こうとライトスタンドに向かった。

すでに10人くらいの記者が、マシューくんに群がっていた。他の記者が去った後に話しかけると、開口一番、「前に座っている優しい男の人がくれた」と言う。前を見ると、後ろの取材騒ぎを尻目に、インコーバイアさんが試合に見入っていた。

ボールを最初に拾ったのは本当かと訊ねると、「そうです」と何事もなかったかのように答えた。

「（マシューくんは）エンゼルスのファンで、僕はインディアンズのファン。彼のほうが、

大谷翔平のメジャーリーグ初ホームランの直後に写真撮影に応じるクリス・インコーバイアさんとマシュー・グティエレズくん。インコーバイアさんはライトスタンドで記念球を拾い、直後にグティエレズくんに譲った

ずっとありがたみがわかるはず」とインコーバイアさんが言った時の、後悔を微塵も感じさせない穏やかな表情を、私は今でも忘れられない。

試合後、大谷にボールを贈呈するため、マシューくんは球場のクラブハウスへ招かれた。

一緒に呼ばれなかったインコーバイアさんとジーアックさんは、「大谷には会えそうにない」と思い落ち込んだと言う。しかし、試合が終わりに近づき、球場を出ようと歩いていたら、インコーバイアさんの携帯に突然、電話がかかってきた。エンゼルスの職員から大谷にボールを贈呈するのに立ち会って欲しいとお願いされたのだ。

立ち聞きしていたジーアックさんが、機転をきかせた。

「ふと目をやると、すぐ側にグッズショップがありました。大谷に会えるというのに、何も持っていかないなんてあり得ません。グッズショップに駆け込んで、大谷の白いユニホームを買いました」

マシューくんとインコーバイアさんとジーアックさんは、カメラに囲まれる中、数分程度だったが大谷と面会を果たした。とにかく大谷の体の大きさに驚いた、と3人とも口を揃える。

「言われている通り、とても大きくて存在感があります」とインコーバイアさん。「普通のメジャーリーガーに会うのとは全く違うとすぐに感じました」

マシューくんはボールを手渡し、握手をしてもらい、サイン入りのバットとボールをもらった。インコーバイアさんとジーアックさんも買ったばかりのユニホームにサインをもらった。

「とにかく驚きと興奮でいっぱいでした。大谷に会えたり、テレビに出演したり、ドキドキの連続でした」とマシューくんは振り返る。

マシューくんは、大谷にもらったバットとボールを透明ケースに入れて、自室の棚に飾

試合開始前、チームMVPを受賞して笑顔を見せる大谷（中央左）。
右端はマドン監督＝2021年９月25日（写真提供：朝日新聞社）

っている。13歳になった今もクラブチームで野球を続けている。ポジションはセンターとピッチャー。週2、3回のチームでの練習に加えて、毎日の個人練習を欠かさない。お気に入りの選手は、マイク・トラウトとデービッド・フレッチャー、そして大谷だ。

あらゆる方向に強い打球を飛ばす大谷のバッティングを手本にしていると言う。

「100マイルの球を投げて500フィートもの打球を飛ばすなんて考えられません。果敢なプレーを見せて、MVPを獲るような活躍をしているのに、常に上手くなろうと努力しています。小さなことでも、しっかり取り組んでいます」

インコーバイアさんは、サインしてもら

ったユニホームをガラスケースに入れて飾ろうと思いつつ、今はまだ寝室のクローゼットにしまっているそうだ。

「長男が6歳なのですが、もう大谷が誰だか知っています。どれだけすごい選手なのかも。二人で一緒に大谷のホームランダービーをテレビで見ました。オールスターゲームでの素晴らしいピッチングも。なので、最近はよくクローゼットを覗き込んでユニホームを触ろうとします。なので息子から守るためにも早くケースに入れようと思っています」と笑いながら言った。

2021年の大谷の活躍で、周りの人が初ホームランの話を振ってくることが再び増えたという。あれ以来、大谷の動向は追い続けている。

「怪我をした後は、二刀流は難しいのではないかと思いました。でも、その怪我を乗り越えて、とんでもない選手になった。……息子とホームランダービー前の打撃練習を見ていたのですが、大谷の飛距離に度肝を抜かれました」

記念球を譲ったことに、本当に後悔はなかったのだろうか？

「あの年齢の子にとって、あんな名誉なことはありません。スポットライトを奪おうなんて気は微塵もありませんでした。与えていれば、いつか報われます。大谷に会って、サインをしてもらって、一緒に写真を撮れただけで十分です」

４年が経った今も、インコーバイアさんとマシューくんの中で、思い出は色褪せていない。大谷がホームランを重ねるたびに、むしろ輝きは増していくのだろう。

「オオタニ」を愛する野球少年

大谷がメジャー2年目だった２０１９年秋、物心がついた時から野球が好きでたまらない3歳になる息子を地元の少年野球リーグに入れた。他に手を挙げる親がいなかったので、私は息子のチームの監督を任された。

３、４歳で構成されるこの最年少ディビジョンに参加するのは、よほどの野球好きか親が熱心な子供たちなので、人数は全4チーム合わせて30人弱しかいなかった。アウトや点数も記録せず、子供が楽しく体を動かすことが目的である。言葉もたどたどしい幼児たちが、ぶかぶかのユニホームを着て、一生懸命に走って、投げて、打つ姿は可愛い。

私が任されたのは、メジャーリーグの球団名にちなんだメッツというチーム。偶然にも、息子を含めてやる気のある子が３、４人集まったため、残りの子たちも触発されて全員がメキメキと上達した。半ば無理やりバッターボックスに立たされる子供が多いリーグで、メッツは当たり前のように強烈なライナーを放ち、他チームの親を驚愕させた。

そんなメッツの中でも特に熱心だったのが、当時3歳になったばかりのルーカスくん。

いつも練習に来るなり、キャッチボールやノックをしてほしそうに私に近寄ってきた。打撃練習では、こっちが心配になってやめるまでティーに置かれたボールを楽しそうに何十球と打ち続ける。

母エイプリル・マルティネスさんは、エンゼルスの地元オレンジ郡在住にもかかわらず、大のヤンキースファン。ルーカスくんはお母さんの影響で、いつもバットとボールを手に、メジャー中継を見ながら育ってきた。

大ファンだという大谷翔平のTシャツを着て野球の練習に臨むルーカス・マルティネスくん＝2019年9月撮影

そのルーカスくんに一番好きな選手は誰かと聞いてみたら、なんと大谷翔平という答えが返ってきた。まだ舌足らずで、普段はほとんど何を言っているか理解できないのだが、この時は大人でも覚えづらい「オオタニ」をハッキリと口にした。

「昨シーズンから大ファンなんですよ」とマルティネスさんは言った。「エンゼル・スタジアムで大谷が打席に立つたびに観客が盛り上がっていたからだと思います。ルーカスはテレビの前で、いつも大谷のスイングを真似ようとしています」

メールアドレスを見ただけでファンだと分かるヤンキース一筋のマルティネスさんだが、息子が大谷のようになりたいのは大歓迎だという。

「ルーカスにはスポーツマンで人間的に優れた選手を目標にしてほしい。大谷の態度はプレーに限らず模範的です。ダッグアウトにいる時も、ちゃんとチームメイトの応援をしている。野球は一人ではできない。ルーカスには、それを学んでほしい」

大谷に惚れた野球狂

私がコーチを務めていたメッツで、誰よりも打球を飛ばしていたのが、当時3歳のクリスチャンくん。自らを野球狂と称する父ティム・ウェリンガさんの影響で、立つようになる前からボールを投げていたという。

シカゴで生まれ育ったウェリンガさんは、「超」がつくほどのシカゴ・ホワイトソックスのファン。他球団の選手に肩入れなどするなと、周りから刷り込まれてきたという。にもかかわらず、そのウェリンガさんが、野球界で最も注目しているというのが大谷だ。私が大谷の記事を連載していると漏らすと、興奮して大谷のすごさを語り始めた。

「彼は常識をくつがえす選手です」とウェリンガさんは2019年に語った。「ピッチャーとしてエース級で、打撃でもトップクラスであることを証明した。ベーブ・ルースでも現代では無理だったと思います。これ以上、エキサイティングでユニークなことがスポーツ界でありますか？」

「息子は投げるのも打つのも好きです。大谷のおかげで、父親として子供に二刀流という大きな夢を持たせてあげることができるようになりました。不可能という思い込みから、僕らを解放してくれたんです」

ウェリンガさんが初めて大谷のことを知ったのは2016年にさかのぼる。実在の選手を編成してチームを作り、実際の活躍に応じて入るポイントで競い合うファンタジーベースボールというシミュレーションゲームを仲間とリーグを作って何年もやり続けているウェリンガさんは、これからメジャーリーグに来て活躍しそうな選手を早めにチームに加えるため、世界のリーグに目を光らせている。ダルビッシュのような投手を見つけようと日本の野球を調べていたら、大谷の名前が出てきた。しかし、YouTubeで検索すると、出てきたのはホームランをかっ飛ばす大谷の動画だった。

「日本だと投手と打者の両方でやるのが普通なのか」と疑問に思った。しかし、見ていると、大谷が打つのは、たまたまではなく特大のホームラン。「これは絶対に取らねば」と思った。「この日本人選手は次のベーブ・ルースになる」とリーグの仲間に自信満々で言ったら、仲間から「そんな訳ないだろ。良い投手にはなるかもしれないけど、二刀流は日本ではできても、アメリカじゃ無理だ」と鼻で笑われた。

大谷がメジャー挑戦を発表した時は、「下部組織に良い選手が揃っているホワイトソックスを選んでくれるのではないか」という期待もあったが、それは叶わなかった。でも、エンゼルスを選んだ時は、「いつでも球場に見に行ける」と喜んだ。

アメリカに来た大谷をテレビや球場で見た最初の印象は、「子供のような無邪気さがある」だった。あれだけ能力があるのだから、「もっとシリアスで高飛車なのかと思っていた」と言う。しかし、蓋を開けてみれば、いつも笑顔で発言も謙虚だった。

「野球のうまさを抜きにしても、彼のことを嫌う人はいないでしょう」とウェリンガさんは言う。

二刀流は無理だと言う周りの野球ファンに「ムキになって」反論しているうちに、大谷が現役で一番好きな選手になったと振り返る。

それでも、度重なる怪我と3年目の打撃不振で、二刀流が続けられるのか疑いを持ち始めたそうだ。

「2021年のシーズンが始まる前は勝負の年になると思っていました」

しかし、大好きなホワイトソックスとの開幕シリーズを見て、「今年はやってくれる」

大谷翔平が野球界で最もエキサイティングな選手だと言い切るティム・ウェリンガさんと息子のクリスチャンくん＝2019年10月撮影

と思った。「四球は出していたけど、打者が全然打てないんだから。シーズン後半に制球が良くなった時は、サイ・ヤング賞級のピッチングだと思いました」

１９９０年代に少年時代を過ごしたウェリンガさんは、他の子供と同じく、華やかなプレーや性格で絶大な人気を誇ったケン・グリフィー・ジュニアのファンだった。しかし、大谷の２０２１年の活躍で、自身の中でそのグリフィーを超えたと話す。二刀流という誰もできないことをやった。しかも、投打のそれぞれでトップレベル。「ホワイトソックスの選手ではないから応援できない」という次元を超えた、「Anomaly（通常の枠組みを逸脱しているもの）」なのだと言う。

「野球ファンとして、彼に敬意を示さなくてはならない。翔平は応援するけど、エンゼルスは応援しない術を身につけました。エンゼルス対ホワイトソックスの試合では、翔平が6回くらいを抑えた後に、エンゼルスのリリーフ陣が打たれてホワイトソックスが勝てばいい。簡単なことです（笑）」

息子を含めて、大谷は全ての野球少年のロールモデル（お手本となる人物）だと述べた。野球の実力はもちろんだが、お金や周囲の期待に振り回されない「強い芯」があるからだと言う。

「彼は僕らが野球を愛する理由を体現してくれている。若い世代は地位や人気やお金のことばかり気にしていると思われていますが、大谷はその逆です。人気球団のヤンキースに行かず、2年待てば2億ドル以上の大型契約を結べたにもかかわらず、早くアメリカにやってきた。子供のように純粋に野球が好きなんでしょう。彼は野球が必要としているスターなんです」

助手席に顔写真

内装業を手がけるスティーブ・スミスさん（45）は、2010年からライトスタンドの年間予約席を買い続ける熱心なエンゼルスファンだ。自宅から球場まで約1時間ドライブして、2021年はエンゼル・スタジアムでのホームゲームをほぼ全て生で観戦した。

そんなスミスさんが、「これまでの人生で最も熱狂している」と言うくらい入れ込んで応援しているのが大谷だ。トラウトでさえ、大谷ほど興奮させてはくれないと話す。

「メジャーで投手としてやっていくだけでも、とんでもなくしんどいのに、打者としても毎日出場するなんて想像を絶する。もう二度と見られないかもしれない。だから欠かさず生で見るつもりです」

球場に行く時は、大谷の顔写真パネルを車の助手席にくくりつけていた。いかついスミスさんの横に巨大な「大谷」が浮かぶ。そんな異様な光景に驚いた通りがかりの人に写真や動画を撮られることもあったそうだ。

「家族によくからかわれますよ」と笑って話す。「私の枕の上に大谷の顔写真パネルを置かれたりします」

スミスさんは、大谷のファンになった瞬間を鮮明に覚えている。大谷がメジャー公式戦デビューした2018年3月29日だ。

長男タイラーくんの11歳の誕生日プレゼントで、敵地オークランドでの開幕戦を見に行った。オープン戦で不振だった大谷にあまり期待はしていなかったが、試合前の打撃練習を見て驚愕した。

「15本くらい連続で柵越えするんですよ。しかも500フィート（152メートル）以上、飛んでいたように見えました。『こいつは何者なんだ！』と興奮しました。息子も私も目の前の光景が信じられなかった。二人とも一瞬で虜になりましたよ」

大谷の野球カードや、球場で入場者に配布される大谷グッズを集め始めた。敵地での試合も、大谷が打席に立つと、家族でテレビで食い入るように見る。故障や不振に苦しむ大谷を他のエンゼルスファンが批判するたびに、「健康だったらすごいんだ」と言い返した。

怪我が完治してシーズンを通しての二刀流が期待されていた2021年は、初日から大谷のユニホームを着て球場に通った。大谷は、そんなスミスさんの想像を遥かに上回る活躍を見せた。

5月6日のレイズ戦では、大谷の今季第10号本塁打を、持参したグローブでキャッチした。その歓喜の瞬間をとらえた映像は、エンゼルスのハイライト動画の一部として繰り返し球場で流された。それを見る度に興奮が蘇ったという。

「あんなに幸せな気分は人生で幾度と味わえません。あれ以来、大谷のホームランを捕ったり偉業に居合わせたりするチャンスを逃したくない、という強迫観念さえ感じています」

スミスさんの席があるライトスタンドは、大谷がよくホームランを打つので、いつも混んでいると言う。

「大谷が打席に立つたびに、いつも動画を撮っています。周りのファンもみんなカメラを向けます。トラウトもすごいですが、あまりにそつがないところが逆につまらないと感じることもあります。大谷の場合、ピッチャーもしているのに、毎回、単なるヒットではなく一発を狙っています。だから面白いんです。観客がみんな固唾をのんで見守り、スイングするたびに歓声が上がったりため息が漏れたりします。あんな光景は見たことありません」

大谷翔平の大ファンだというスティーブ・スミスさん。2021年のホームランダービーをテレビで見ながら、お気に入りの大谷グッズと記念撮影をした（スミスさん提供）

スミスさんも、クラブチームで野球をする息子にとって大谷は良いお手本だと話す。

「野球は『失敗のスポーツ』です。だから感情をコントロールして、次のプレーだけを考えるよう息子に教えてきました。大谷の振る舞いは本当に素晴らしい。あれだけ活躍できる理由の一つです。大谷が怒っている姿を私は見たことがありません。心の中でどう思っているかは分かりませんが、それを出しません。失敗してもすぐに気持ちを切り替えるのが誰よりも上手です」

唯一の不満は、大谷がトラウトなどと比べて近寄り難いところだと言う。

「野球だけに集中したいのは分かります。でも、もう少しファンと交流して欲しい。トラウトのように、ホームゲームでも時間をとって子供たちにサインなどをしてくれたらいいなと思います」

「通訳を通してしか話を聞く機会がないので、彼の性格や人格があまり伝わってきません。例えば、フィールドの外では、どんな人なのか。コメントも当たり障りがないですし」

それでも、スミスさんは大谷に魅了されている。

「彼は何年に一人などという選手ではありません。これまで見たことのない存在なんです。おそらくどんなポジションでもこなせるでしょう。『ショートを守れ』と言われてもできると思います。それだけすごいアスリートなんです」

「さすがに今季のような活躍は、もう難しいと思います。でも、その予想が外れることを願っていますよ」

エンゼルス本拠地から車で1時間くらいの砂漠の町アップルバレーに住むウォーカー・ムーアくん（14）は、熱心な野球少年が集まるクラブチームに所属している。メジャーリーグでプレーするのを目標に、チーム練習がない日も、投球と打撃の個人レッスンを受けるか、裏庭に作ったケージで父親と欠かさずトレーニングに励んでいる。

そんなウォーカーくんが憧れの野球選手として挙げるのが、ドジャーズのムーキー・ベッツとトレイ・ターナー、エンゼルスのトラウト、そして大谷だ。

「大谷はとにかく化け物です。ベーブ・ルース以外に、あんなにバッティングもピッチングもできる選手はいません。練習や試合に対する意識の高さは素晴らしいです」

それでいて、常に楽しそうにしているのも魅力的だと言う。

「大谷がイチローと（フィールドで）会った時に、挨拶をしに行っていた姿が印象に残っています。とても楽しそうに話をしていました」

クラブチームの仲間とも大谷について話すという。

「大谷のセンター方向への打ち方とか、打つ時の後ろ足の使い方とかについてです。僕はツーストライクと追い込まれた時、大谷の（前足を上げずに打つ）真似をしています。振り遅れないで素早くスイングするためです」

ウォーカーくん以上に、大谷に魅了されているのが、母ジェニー・ムーアさん（46）だ。

ニュースで大谷が取り上げられるたびに、自身のフェイスブックのタイムラインにシェアしている。自身も本格的にソフトボールをやっていたムーアさんは、大谷はウォーカーくんにとって理想のロールモデルだと熱く語る。

「翔平はとても謙虚で野球を愛しているのが伝わってきます」とムーアさん。「野球に人生を捧げ、徹底的なトレーニングを積んでいるので、難なくプレーしているように見えます」

何より「立ち振る舞いが素晴らしい」と言う。

「野球を見るのは好きですが、スター選手のうぬぼれた態度は見ていられません。選手としての価値を下げます。その点、翔平は見ていて清々しいです。……試合前のウォームアップに、通訳やトレーナーなんかと出てくると、とても気さくな感じに見えます。インタビューに答える時も、いつも笑顔です。常に楽しんでいるように見えます」

「自分のいる立場や環境を受け入れ、それを楽しみ、感謝の気持ちを忘れない。大金を手に入れてうぬぼれて、ありがたみを忘れてしまう選手もいますから。判定が気に食わないからといって、審判に失礼な態度をとるなんて許されません」

「翔平は特大ホームランも打ちますが、三振することもあります。でも、かんしゃくを起こしたり、バットを叩きつけたり、審判をにらみつけたりはしません。とてもありがたいことです。ウォーカーに教えようとしていることですから」

「三振することもあれば、エラーすることもあれば、間違った判定をされることもありま
す。でも気持ちを切り替えなければ、次のプレーに影響してしまいます。翔平は冷静に受
け止め、対処しているように見えます。もしかすると、冷静でいられるよう教えられてき
たのかもしれない。日本の文化は、この国の文化とは違うはずですから。なので、そこか
ら他者への敬意が生まれているのでしょう」

大谷翔平の大ファンだというジェニー・ムーアさん（右）と、息子のウォーカーくんが、エンゼル・スタジアムの大谷翔平の写真の前で記念撮影（ムーアさん提供）

ウォーカーくんにも、良い選手になる以上に、感謝の気持ちを忘れないでほしいと話す。

「周りの様々なサポートの上に成り立っているからです。もちろん本人の努力もありますが、当たり前だと思ってはいけない。コーチやチームメイト、対戦相手、審判に敬意を持って接するべきです。そうでなければ、プレーする資格はありません」

エンゼルスの大ファンだというムーアさんは、大谷を初めて見た時から、特別な選手だと感じたと言う。トラウトにも、ここまでの思い入れを感じたことはないそうだ。

「ウォーカーの言うように、翔平は『怪物』です。一般的な日本人男性の体格ではありません。背が高くて、手足が長く、とにかく大きな選手です。物腰や態度を見ても、文句のつけようがなく輝いています。トラウトは素晴らしい選手ですが、翔平のように動向を追いたいと思ったことはありません」

大谷の二刀流での活躍も、いくつものポジションをこなす息子の姿と重なる。

「ウォーカーはあらゆる役割をこなせます。ピッチャー、キャッチャー、外野、内野など、置かれたポジションで常に全力を尽くします。『このポジションは嫌だ』と言う子供もいますが、なんでもやってみるべきです」

「翔平の二刀流は素晴らしいことだと思います。二刀流ができる可能性を持った若い選手はたくさんいると思います。でも前例がなかったので、試すことすら避けられてきた。でも翔平ができることを証明したので、もっと挑戦する選手が出てくると思います」

アジア系住民の地位向上に貢献

日本でも大きく報じられたが、アメリカではここ数年、アジア系住民に対する差別や暴力が社会問題になっている。特に中国で最初に発見された新型コロナウイルスの流行で、偏見が助長された。

アジア系住民の多いオレンジ郡でも、それまではアジア人が差別を受けたという報告は年4、5件程度だったが、2020年には76件に急増した。

大谷の活躍は、そんなアメリカでアジア系住民の地位向上に貢献するのではないかと期待する専門家もいる。

「大谷は、アジア人であることが『クール（格好いい）』だと思わせてくれる」とカリフォルニア大学アーバイン校でアジア研究を教えるジェリー・ウォン・リー教授は言う。自身も韓国系2世で、大の野球ファンである。

アメリカの歴史を通して、アジア系アメリカ人は「異質」「エキゾチック」な存在として見られてきた。アメリカで生まれ育ったにもかかわらず、見た目だけで「外国人」のように扱われてきたのだ。私の経験からも、アジア人に「非力」「頼りない」「何を考えているか分からない」といった偏見を持つアメリカ人は多いと感じる。そのため、多くの人が、なるべく「アジア」の部分を隠して、白人社会に溶け込もうとしてきた。

「アジア系アメリカ人は、あまりアジアのルーツに誇りを持てていませんでした」とリー教授。「でも、大谷のように野球の実力だけでなく人格も優れているロールモデルを見て育つ若い世代は、そう感じないで済みます。同じアジア人として自分と重ねてみて、誇りを感じられるからです。『アジア人でもスターになれるんだ』という認識が当たり前になる。私の世代には、そういう存在がいませんでした」

大谷が特別なのは、野球というアメリカの4大スポーツで、「誰もが認める一番の選手」になったことだとリー教授は言う。

「大谷は誰も文句を言えない成績を残しました。イチローも一世一代の才能がありましたが、パワーがないことを指摘する人もいました。バットにボールを当てるだけなら、誰にでもできることだと。大谷がアジア人研究のケースとして興味をそそるのは、彼の『長打力』です。大谷の体格は、アジア人男性が細くて非力だという偏見を打ち砕いている」

「私がイチローを好きな理由は、自分と同じように背があまり高くなくて細いからです。小さいアジア人が大男に立ち向かう姿に奮い立たされる。ただし、同時にアジア人が『華奢』だという偏見を助長している面も否定できません。アジア人は、(内野安打など)『ずる賢い』ことをしなければ成功できないのだと」

前出のファンたちが口にしたような大谷の立ち振る舞いも、アメリカで大谷が受け入れられる理由だという。

「イチローもそうですが、対戦相手や野球というスポーツに非常に敬意を払う。大谷の不満な表情を見たことがありません。いつも冷静で、他人のせいにしたりしない。アメリカでは、子供ですらグラブを地面に投げつけるのに。そんな彼を嫌いだという人は少ないでしょう」

2章でも触れたESPNのスティーブン・A・スミスの発言も、アメリカの人種差別が根深いことを示すとリー教授は言う。問題となったスミスの発言はこうだ。

「この男（大谷）が特別なのは間違いない。でも、英語を話せなくて通訳が必要な外国人が興行の目玉だということは、信じないかもしれないけど、野球にとってちょっと悪影響だと思う。ブライス・ハーパーやマイク・トラウトのような選手じゃなきゃダメだ」

英語が幅広く使われているが、多民族国家のアメリカには法で定められた「公用語」はない。そのアメリカで「英語を使え」と強要するのは、他文化の否定や外国人嫌悪に他ならない、とリー教授は言う。たまにスペイン語など英語以外で会話している人に、「英語を話せ」「この国から出ていけ」と文句を言う人がいてニュースになる。

2021年8月のエンゼルス対タイガース戦では、テレビ解説を務めていた通算254勝投手のジャック・モリスが、打者・大谷の対策を聞かれた際に、アジア人のアクセントを真似るように「とにかく注意すべき」と発言して問題となった。

「悪意のないジョークのつもりだったのでしょうが、これもアジア人が『英語を話せない』『外国人』だという偏見を助長するものです」とリー教授。

大谷と同年代の大坂なおみは、アジア人や黒人、女性への差別に対して積極的に意見を発信し、アメリカでは活動家としても評価されるようになった。しかし、大谷にその役割を求めるのは酷だとリー教授は言う。

「人は長所を生かすべきというのが私の考えです。政治や社会活動が得意な人もいますが、そうでない人もいます。全てに秀でているなんて無理な話です。大谷は声を上げるタイプのアスリートには見えません。彼の最大の貢献は、グラウンドで圧倒的なプレーを見せること。それがアジア人に勇気や希望を与えます」

野球の低迷

大谷が毎日のようにホームランを打っていた（と感じた）6月から7月にかけて、私はワクワクすると同時に違和感を感じていた。

野球関係者やファンは、大谷の歴史的な快進撃を試合中継や記事で毎日のように讃えているが、それ以外の世界からはエンゼルスの地元オレンジ郡を含めて熱気を感じられなかったからだ。

そう思ったのは、私だけではなかった。

ヒューストン・クロニクル紙でスポーツコラムニストを務めるブライアン・スミスは、「大谷はもっと大きく扱われるべき」だと記事で主張した（2021年7月9日配信）。

大谷が二刀流での出場が決まっていたオールスターゲームの数日前にもかかわらず、スポーツ専門メディアESPNのホームページのトップニュースは、「NBA球団がアシスタントコーチを雇った」とか、「高校バスケの有望選手が進学先を決めた」とか、「単語の綴りコンテスト」など野球と無関係のものばかりだった。

「全米は大谷の話題で持ちきりであるべきなのに」とスミスは嘆いた。

NFLのスター選手であるJ・J・ワットも次のようなツイートをした。

「多くの人が大谷翔平について語っているように感じるけど、もっとたくさんの人が話題にすべきだ。彼が野球でやっていることは狂っているよ」（2021年5月17日）

大谷の二刀流は、1980年代後半に野球とアメフトの「二刀流」で活躍したボー・ジャクソンを彷彿とさせる。ジャクソンは、メジャーリーグとNFLの両方でオールスターに出場したことのある唯一のアスリートだ。広告やテレビ番組、テレビゲームなどに登場して、スポーツの枠を超える人気者となった。

大谷がそうした社会現象になっていないのはなぜなのか。

ヤンキースやドジャーズといった人気球団でプレーしていないこともあるが、大きな理由は「時代の変化」と「野球人気の低迷」である。

メジャーリーグの人気が落ちていると耳にしたことがある人も多いと思うが、チケットの売上や地方局の視聴率などの数字だけを見ると、それほど悪くはない。

全球団を合わせた観客動員数は2007年にはピークで7950万人だった。しかし、2012年から毎年、落ちていて、パンデミック直前の2019年は6850万人（1試合平均28204人）だった。それでも、球場の収容人数が大きく、試合数も多いため、NBAの2200万人、NFLの1700万人を大きく上回る。

NFLなどと違って、メジャーリーグは各球団が独占放映権を地方テレビ局に売っている。なので、全米での視聴率は他スポーツに劣る。しかし、地域単位で見れば、2019年には、アメリカに本拠地を置く29球団中12のチームが、看板番組が並ぶプライム帯にトップの視聴率を記録している（出典：ニューヨーク・タイムズ、2019年10月22日）。トラウトをはじめとするスター選手が年俸30億円以上も稼ぐことができる理由だ。

メジャーリーグ球団は、各マーケットで「おらが町のチーム」として、いまだに地元住民から根強い支持を得ている。NFLやNBAに比べると、試合数が多くてチケット単価も低いため、観戦に行きやすい。だから家族やカップルの週末のお出かけスポットとしても利用される。熱狂的なファンだけでなく、選手の名前はほとんど知らないが、ビールを片手になんとなく地元チームを応援しながら球場の雰囲気を楽しむという人々も多い。野球が国民的娯楽としていまだに機能しているとも言える。

しかし、試合が地元でしか放映されないこともあって、選手の全米での知名度は他スポーツに大きく差をつけられている。リサーチ会社YouGovの調査によると、2021年第4四半期、アメリカで最も知名度の高い現代アスリートはタイガー・ウッズで、93パーセントが名前に聞き覚えがあると回答している。上位10人に野球選手は一人も入っていない。

1. タイガー・ウッズ（ゴルフ）　93パーセント
2. レブロン・ジェームズ（バスケットボール）　91パーセント
3. セリーナ・ウィリアムズ（テニス）　91パーセント
4. トム・ブレーディー（アメフト）　87パーセント
5. ビーナス・ウィリアムズ（テニス）　84パーセント
6. シモン・バイルス（体操）　79パーセント
6. ジョン・シナ（プロレス）　79パーセント
8. アーロン・ロジャース（アメフト）　75パーセント
9. ケビン・デュラント（バスケットボール）　70パーセント

9. マリア・シャラポワ（テニス） 70パーセント

野球選手のトップはロイヤルズのカルロス・サンタナ（30位、58パーセント）で、唯一50パーセントを超えているのだが、野球界でも飛び抜けた存在でないことを考えると、同姓同名のメキシコ出身の有名ギタリストと勘違いしている人が多いのではないかと推測している。ちなみに大谷は、知名度36パーセントで266位だ（日本人アスリートの最高は大坂なおみの56パーセント）。

2021年5月、大谷がオークランドでの試合に向かう途中、バスが事故渋滞に巻き込まれて電車に乗った時も、周りの反応は「何もなかったですね。『アジア人が乗ってきた』ぐらいの感じ」だったと本人が語っている。

他にもトラウトが43パーセント、アーロン・ジャッジが42パーセントと、他スポーツのスター選手とは開きがある。また、ベーブ・ルースが94パーセント、初の黒人メジャーリーガー、ジャッキー・ロビンソンが84パーセント、元ヤンキースの大スター、デレック・ジーターが80パーセントと、過去の野球選手と比較しても知名度が劣る。

その大きな理由は、野球が以前とは比べ物にならないくらいたくさんの娯楽と、人々の興味や時間、お金をめぐって競い合うようになったからだ。テレビのチャンネル数の増加もあるが、何よりインターネットの登場で、誰もが自分の興味ある分野の情報に瞬時にアクセスできるようになった。

テレビやラジオしかなかった時代は、みんなが同じニュース、音楽、映画、ドラマ、スポーツを見ていた。例えば、夜暗くなると、テレビを見るか読書くらいしかやることがない。テレビをつけると野球かニュースくらいしかやっていないので、そんなに興味がなくても、なんとなく試合中継を流しておく。なので、試合やＣＭで何度も目にするボー・ジャクソンのようなスター選手は、幅広く名前が知られた。

しかし、今はヨーロッパのサッカーやＦ１から大学バレーやサーフィンといったニッチなスポーツまで、テレビの専門チャンネルやインターネットで試合を配信しているので、野球に興味がない人は無理に試合中継を見る必要がない。スポーツに興味がなくても、音楽やゲーム、映画・ドラマ、アニメ、ファッションなど、あらゆる娯楽情報を、テレビのみならずスマホやタブレットで、外出中だろうがトイレに入っている最中だろうが楽しめる。興味ないテレビ番組を家族の誰かが見ていても、それに無理に付き合う必要などない。同じソファに座っていても、スマホでYouTubeやTikTok、Netflixで動画を見たり、ツイッターやフェイスブックで見知らぬ人と会話をしたりと別世界に行ける。

端的に言えば、「人々の興味が分散した」のである。日本でも同じことが起こっているが、アメリカはもともと価値観が多様で、変化のペースも早い。

例えば、ワールドシリーズの1試合あたりの平均視聴者数は、1978年の4428万人がピークだった。当時の人口で言えば、アメリカ人が100人いたら、20人は見ていたことになる。それが2020年には、過去最低の979万人にまで落ちている。100人中、3人しか見ていなかったということだ。あれだけメジャーリーグが大谷の二刀流で盛り上げようとした2021年のオールスターゲームも視聴者数は824万人で、視聴率は4・5パーセントと過去最低だった。

他のスポーツと比べても、野球の低迷は顕著である。

ギャラップ社が1937年から行っている「最も好きな観戦スポーツ」の調査では、野球は1937年には18歳以上のアメリカ人の34パーセントから支持を集めて1位だったが、2017年には9パーセントと、アメフト（37パーセント）とバスケットボール（11パーセント）に続く3位となっている。過去最高の7パーセントを記録したサッカーにも追い上げられている。

最も上がり幅が大きかったのが、2000年の8パーセントから15パーセントに増加した「好きな観戦スポーツなし」だったことも付け加えておく。メディアの細分化で、スポーツに興味がない人はスポーツを目にする機会すらなくなった結果だろう。

野球に興味のない人が増えている中で、大谷が二刀流をやっても価値は分かってもらいづらい。フードファイターの小林尊氏が、２００1年のホットドッグ早食い選手権で、当時の世界記録の倍の50本を完食して全米で話題になったような分かりやすさはない。投打の両方で活躍する選手は、リトルリーグではもちろんのこと高校レベルでもいる。それを見て、「そんなにすごいことなの？」と思う人も多いはず。メジャーリーグの舞台で両方をやる難しさというのは、野球通でなければ理解できないのかもしれない。

メジャーリーグが直面する最大の課題は、「若年層の野球離れ」である。

ギャラップ社の調査でも、野球は55歳以上では14パーセントでアメフトに次ぐ2位だったが、それより年齢が下の層だと、6～7パーセントでアメフトとバスケットボールとサッカーに負けている。このままだと、ファン層は縮小していくだけだ。

ニューヨーク・タイムズ紙のデービッド・ウォルドスティーン記者は、２０２1年10月25日配信の記事で、「多くの若い人が、野球はクールじゃない、懐古主義のおじさんやデータオタクのものだと考えている」と述べている（「おじさん」も「オタク」も当てはまるので耳が痛い）。ジャズやヒップホップなど、これまで若い人が「クール」だと感じる文化を作ってきたアフリカ系アメリカ人の野球離れが大きな原因だとも書いている。以前のメジャーリーグには、ウィリー・メイズ、ハンク・アーロン、アーニー・バンクス、ケン・

グリフィー・ジュニアなど、たくさんの黒人スターがいた。

派手さや個性を重んじる若者には、今のメジャーリーグは地味に映る。歴史が長いメジャーリーグには、試合中の派手なパフォーマンスを禁じたり、多くを語るのを良しとしなかったりという昔ながらの伝統が残っている。

対照的に、バスケットボール選手はファッションや言動も個性的で、ツイッターやインスタグラムなどで積極的に意見を発信したり、ファンと交流したりする。

メジャーリーグの公式インスタグラムのフォロワー数が820万人なのに対し、NBAは6410万人もいる。NFLは2340万人、総合格闘技団体UFCは3100万人だ（2022年2月15日時点）。

野球選手ではマイク・トラウトが最も多くて190万人。ウォルドスティーンの記事によると、アメフトでは9人、バスケットボールでは25人もトラウトよりフォロワー数が多い選手がいる。レブロン・ジェームズは1・11億人、セリーナ・ウィリアムズは1420万人、トム・ブレイディーは1130万人、女子サッカーのアレックス・モーガンは940万人、大坂なおみも280万人のフォロワーを持つ。2020年にアカウントを開設した大谷は130万人である。

野球は動きが少なく、試合進行が遅い点も、ファン離れを招いていると言われる。データ分析の普及によって三振、四球、ホームランばかりが増えて、守備や走塁などで見せ場を作れるゴロの打球が減った。メジャーリーグもそうした傾向に歯止めをかけようと、試験的にマイナーリーグで守備シフトに制限をかけるなど試行錯誤している。

野球がかつてのような輝きを失ったのは間違いない。

大谷は救世主？

これから野球がどれだけ若い人を惹きつけることができるか。「あふれる個性」「ダイナミックなプレー」と「多様性」がカギになるだろう。

そうした点で、実はメジャーリーグはチャンスを迎えている。タティース（ドミニカ共和国）、ゲレーロ（カナダとドミニカ共和国の二重国籍）、ソト（ドミニカ共和国）、ロナルド・アクーニャ・ジュニア（ベネズエラ）といった才能あふれる20代前半の若手が一気に花開いたからだ。彼らは、類まれな身体能力とパワーを持ち、喜びや闘志といった感情を剥き出しにしてプレーする。タティースは、大量リードの場面で満塁ホームランを打ったり、ホームラン後にバットを放り投げたりと、メジャーの「不文律」を打ち破って人気を集めている。

２０２１年のオールスターは、そうした若手スターのお披露目会だった。あとはメジャーリーグが、彼らをどう活かしていけるかだ。

医療関係のエグゼクティブスカウト会社を経営する前出のティム・ウェリンガさんは、2019年の時点で大谷は野球界が待ち焦がれていた「パープルユニコーン」だと称していた。パープルユニコーンとは、あり得ないくらい高い条件を満たす人材を指す用語だ。

「野球はアメフトやバスケットボールに人気を奪われています」とウェリンガさん。「個性的なビッグスターがいないのが大きな原因だと思います。大谷はそんな野球を救う存在になるかもしれません。マイク・トラウトは野球のスターだけど、レブロン・ジェームズのような有名人ではない。大谷にはジェームズやコービー・ブライアント、マイケル・ジョーダン、タイガー・ウッズのようなアイコンになってほしい。もっともっと多くの人を惹きつけて」

GQスポーツは2022年3月号のグローバル版創刊号の表紙に、NBAのステファン・カリー、サッカーのモハメド・サラーという世界のスーパースターと共に大谷を起用した。GQはファッション、スタイル、文化を扱う男性向け雑誌。鍛え抜かれた筋肉を見せ、おしゃれなブランド服に身を包む大谷の写真が掲載された。

大谷を特集した記事のタイトルは、『こうして大谷は再び野球を楽しいものにした』。テーマは、「大谷はアメリカで野球を救えるか」だった。

記事を書いたダニエル・ライリー記者は、ハリウッドが野球を題材にした映画を次々に製作していた1980年代から1990年代に子供時代を過ごした。ケビン・コスナーとティム・ロビンスがマイナーリーガーを演じる『さよならゲーム』、石橋貴明が続編に出演するコメディ『メジャーリーグ』、アカデミー賞にもノミネートされた『フィールド・オブ・ドリームス』、日本が舞台の『ミスター・ベースボール』、女子プロ野球リーグを描いた『プリティ・リーグ』などは、野球好きでなくても見たことがあるかもしれない。

他にも、『サンドロット／僕らがいた夏』『がんばれ！　ルーキー』『エンジェルス』『リトル・ビッグ・フィールド』といった子供向け映画も、アメリカでは人気が出た。ちょうど私もこれらの映画が公開された小学生の時に父の駐在でアメリカに住んでいて、アメリカの野球文化に惹かれるきっかけになった（ちなみにライリー記者によると、大谷はこれらの映画を一本も見たことがないらしい）。

「そんな状況で、野球がアメリカ人の生活で最も重要な『原典』ではないなんて思う8歳の子供がいるだろうか」とライリーは綴る。しかし、アメリカの20世紀の象徴でもあった野球は、過去20年で一気に存在感が薄くなった。大谷と二刀流は、その野球を崖っぷちから引き戻してくれるかもしれない、とライリーは言う。

「野球が待ち望んでいた救世主が現れた。他のスポーツやスーパースター、それに（野球のように）延長や長い夏を経ないでも瞬時に楽しめる娯楽へと国民の興味が移ったことで苦しんでいる野球を盛り上げるために」

大谷の活躍で再び脚光を浴びているベーブ・ルースは、アメリカでスポーツの枠を超えて有名人になった初めてのアスリートの一人だと言われている。タイミングもピッタリだった。ルースが活躍し始めた時、アメリカはちょうど第1次世界大戦やスペイン風邪の流行といった悲劇から立ち直ろうとしていた。そんな時に、ルースはニューヨークというアメリカ文化の中心地で、目を疑うようなホームランを量産し、国民を意気揚々とさせたのだ。他の追随を許さない圧倒的なパワーと、派手で豪快な人柄を持ち合わせるルースは、まさにアメリカの象徴となり、野球を国民的娯楽の地位に押し上げた。

そのルースと、パンデミックの真っ只中に大活躍した大谷の姿が重なったのは、私だけではないだろう。もちろん、当時と今では状況が全く違う。ルースの時代は今のように無数の娯楽があったわけではない。テレビすらなかった。ルースほどの社会現象になるアスリートは、もう出てこないかもしれない。

それでも、いくつかの条件を満たせば、大谷がスポーツファン以外にも認知され、野球人気の回復に貢献するようなスーパースターになる可能性はある。

一つは、２０２１年のような二刀流での活躍を続けること。投打のどちらかに絞った方がいいという専門家もいる。しかし、大谷がこれほど注目を集めているのは、誰もやっていない道を進むパイオニアだからだ。２０２２年7月にアメリカでの「大谷本」の発売が決まっているフレッチャー記者は、２０１８年にも出版社から書籍出版の話を持ちかけられたが、大谷が故障で投手ができなくなった途端に「なかったことにしてほしい」と言われたそうだ。打撃に専念して60本のホームランを打ったり、投手として20勝してサイ・ヤング賞をとったりしたところで、「素晴らしい野球選手」という評価にしかならない。

二つ目に、エンゼルスがプレーオフ、できればワールドシリーズに出場すること。全米のメディアや「にわか」ファンがメジャーリーグに注目するのは、ほぼポストシーズンに限られる。そこで大谷が他に誰もやっていない二刀流で活躍すれば、広く認知されることになる。

最後に、大谷の人間性や個性が世間に伝わること。テニスのセリーナ・ウィリアムズやNBAのレブロン・ジェームズなど、スポーツの枠を超えた影響力を持つアスリートは、その多くが自分らしさを表現することを恐れない。大坂なおみも、そうである。

喜びや悲しみ、苦しさといった感情をあらわにし、論争を巻き起こす社会問題についても堂々と意見を述べる。スポーツに興味のない人でも心を揺さぶられる個性があるのだ。

例えば、２０１２年にアメリカを虜にしたバスケットボール選手のジェレミー・リンは、ハーバード大学卒のアジア系アメリカ人というNBAでは異色の存在だ。人種差別に晒されながらもNBAでプレーするという夢を諦めず、ギリギリのところで掴んだチャンスをものにして、コービー・ブライアントなどスーパースターを相手に大活躍をしてみせた。短い期間ではあったが、彼の活躍にはアジア系アメリカ人はもちろんのこと、普段はバスケットボールに興味のない人も熱狂した。

また、Netflixのドキュメンタリー『Formula 1：栄光のグランプリ』は、アメリカでのF1人気を高めた。各レーシングチームのドライバーやスタッフを密着取材して、サーキット内外で起こる対立や葛藤を描いたことで、モータースポーツに全く興味なかった人がF1のファンになった。

こうした普遍的な人間ドラマがメジャーリーグにも必要なのだ。

特に若い人は、ソーシャルメディアを通じて、選手個人の人柄を知ってファンになるというケースも多い。

大谷もインスタグラムをやっているが、正直言って、投稿から人柄が伝わってこないので、野球好きや日本人以外がフォローするとは考えにくい。CNBCの記事によると、大谷のアカウントは、MLBがエンゼルスや大谷と協力して立ち上げたもので、投稿する写真などは本人が撮ったのではなくMLBが提供しているという（2021年7月13日配信）。

前出のエンゼルスファンのスティーブ・スミスさんも、10代の娘二人が自分ほど大谷に夢中になっていないのは、野球をしている時以外の大谷の様子が全く分からないからだと言う。彼女たちが夢中だというマイク・トラウトやダンズビー・スワンソンは、奥さんや彼女のことなどを平気で語る。それで「奥さんを大事にする」「家庭的」といった人間性に惹かれるのだそうだ（大谷に限らず日本人選手は野球以外のことをあまり語りたがらないという印象を持つ現地記者もいる）。

もちろん、大谷自身は、スターになるとか救世主になるといったことは望んでいないかもしれない。

東京スポーツ新聞社の記事によると、今年の大谷には、朝番組の『グッド・モーニング・アメリカ』やトーク番組の『ジミー・キンメル・ライブ！』など、スポーツメディア以外からの出演依頼もあったという（2021年11月8日配信）。しかし、大谷にとっては野球が最優先だった。二刀流で活躍したといっても、まだ1年だけ。野球に専念して、まずは確固たる地位を築く。そこからがスタートなのかもしれない。

おわりに

私が大谷の記事を書いていると人に話すと、決まって「大谷ってどんな人なの？」と聞かれる。

正直、その質問に上手くは答えられない。というのも、大谷はメディアに対しては、家族や友人、チームメイトなど親しい人に見せるのとは違った、遠い距離感で接するからだ。球団の計らいで、他の選手とは違ってロッカールームで自由に取材することはできない（日本メディアの数が多すぎて、とても個別には対応しきれないので仕方がない）。会見でのコメントは、当たり障りがなく、内面を曝け出すようなことは、ほぼない。他の選手に比べても慎重に言葉を選ぶ様子は、記者を「警戒」しているようにすら感じる。「大谷は人とオープンに話すことは得意じゃないと僕は思っています」とファイターズの大渕スカウト部長は言う。「どっちかっていうと、一人でコツコツやるイチローのようなタイプです。それは悪いという訳ではなく、そういうタイプ。メディアに接さずに野球をやりたいタイプなんです」

本書の執筆にあたって単独インタビューを申し込んだが、2022年に向けたトレーニングに集中したいと断られた。

それに、大谷の一挙一動を逃すまいと張り付く日本の番記者の方は何十人といるので、私は自分にしかできない仕事をしようと、大谷と関わる人々や、現地の一般人や専門家が大谷をどう見ているかを中心に取材してきた。なので、大谷の性格やプライベートを知りたいというのであれば、私は適任ではない。

その代わりと言ってはなんだが、最後に、アメリカで働いてきた一人の「プロフェッショナル」（もちろんメジャーリーガーと次元は違うが）として感じた「大谷翔平の凄さ」を4つ紹介しよう。なぜ大谷が「世界一の野球選手」になれたのか、取材を通して見えてきたことをまとめてみた。

まず一つ目が、アメリカという異国の地に渡って、1年目から実力を発揮できる「適応力」だ。

日本とアメリカでは野球のスタイルや考え方が異なる。メジャーの投手は球が速く、速球も綺麗な真っすぐよりも微妙に変化するボールが重宝される。打者はパワーがあり、バッティングも日本以上に長打が求められる。メジャーの試合球は日本のものよりも滑る。

マウンドの硬さや傾斜も日本とは異なる。それに3章でも述べたが、メジャーでは日本以上に確率に基づいた采配が行われる。

グラウンド外でも、さまざまな違いに直面する。言葉は英語やスペイン語を話す人ばかり。チームで日本語を話せるのは、通訳に加えて、運が良ければスタッフに一人か二人いる程度だろう。言葉ができたとしても、話題や会話の「ノリ」が国によって違うので、深い関係を築くのは簡単ではない。食文化やトイレやお風呂など、細かい生活習慣の違いも挙げたらキリがない。それに、日本の25倍もの面積があるアメリカでは、都市間の移動距離の長さが日本とは比べ物にならない。ハワイ州とアラスカ州を抜いても、国内に4つの時間帯が存在する。にもかかわらず、メジャー公式戦の日程は日本のプロ野球以上に過酷だ。

こうした日米の違いに翻弄されて力を発揮できない選手もいる。アメリカ人選手が日本のプロ野球に行っても同様だ。

しかし、大谷は、そんな難しさを感じさせない。日米の違いを最初に肌で感じたであろう1年目のスプリングトレーニングでは、その短い期間中にバッティングとピッチングの両方を調整して、開幕直後に結果を出せるよう仕上げた。

私がキャンプ取材に訪れた時、大谷はチームと合流してから1カ月程度だったが、既に馴染んでいる様子だった。

取材初日にエンゼルスのロッカールームに行くと、練習を控えた選手たちがユニホームに着替えたり、パソコンやスマホをいじったり、チームメイトやスタッフと談笑したりと思い思いの時間を過ごしていた。

そんな中で大谷はロッカーの前に座り、通訳の水原さんと「クラッシュ・ロワイヤル」というスマホの対戦ゲームに興じていた。そこに主砲マイク・トラウトがやってきて、大谷の隣に腰かけた。トラウトは自分のスマホを取り出し、大谷に話しかけて自らもゲームをやりだした。スーパースターの共演ともいえるシーンだが、そんなことを全く感じさせないリラックスした空気が流れていた。

他の選手たちに話を聞くと、既に大谷とゴルフや食事に行ったと言う。

「（大谷は）すごく上手にアメリカに適応していると思う」と当時チームメイトだったブレイク・パーカー投手は語った。「とにかく1日でも早くチームに馴染みたいんだと思う。それも彼の明るい性格なら問題ない」

大谷の態度はスーパースターであることを感じさせないくらい地に足がついている、とチームメイトたちは口を揃える。20人以上の記者がロッカールームに詰めかけて、大谷だけに注目している状況を周りの選手が不快に感じてもおかしくはないが、そうした不穏な空気は伝わってこない。それだけ大谷が「憎めないキャラ」だという証だろう。

二つ目が、大谷の「考える力」だ。

野球に限らず海外で仕事をするのに欠かせないが、正直、日本人に最も欠けている能力の1つだと感じている。受験や新卒採用など、決められたレールに乗って、周りと同じタイミングで同じことをすれば生きていけるシステムになっているからだ。なので、「自分は何をやりたいのか」「どうすればやりたいことができるのか」「どんなスキルを身につければいいのか」といった大事な質問に対して、親や先生など周りの人が「答え」を教えたり押し付けたりすることに慣れているため、自分の頭で考える癖がついていない人が多い。

しかし、大谷は自らの意思で高校を卒業したらメジャーに行くと一度は決め、ファイターズに入団してからは批判を浴びながらも二刀流をやり通し、自ら選んだタイミングでアメリカに挑戦し、メジャーでも「一番」になる方法を試行錯誤しながら編み出した。「基本的に人に相談するということはあんまりない人間」と本人も述べている。

大谷をファイターズに入団するよう説得した大渕スカウト部長は、同じくファイターズのOBダルビッシュとの類似点について、こう語っている。

「彼もダルビッシュも考える技術を持っています。メジャーに入った時の課題を設定して、それをクリアする力を持っている。課題をいちいち教えて行く必要はない」

最初のスプリングトレーニングで、うまくいかなかった時も、メジャーという勝手の違う環境で活躍するには何をすべきかを考えられたから適応できた。大躍進を遂げた4年目に入る前も同様だ。

世界中から優秀な人材が集まって熾烈な競争を繰り広げるアメリカでは、自分をいかに突出した存在にするかを考え続ける必要がある。特にメジャーリーグのような舞台では、他の人と同じことをしていては、生き残ることすらできない。

突出した「考える力」があったからこそ、大谷はアメリカでも先駆者になれたのだろう。

三つ目が、周りに流されない「自信」だ。

同調圧力の強い日本のような社会だと、これも保つのが難しい。例えば、野球界のような年功序列だと上の言うことに従うのは当然で、先輩に飲みなどに誘われると断りづらい。言葉遣いといった野球に関係ないところでも神経を使う必要が出てくる。「空気を読む」ことを求められる社会にいると、無意識のうちに、自分のやりたいことを我慢したり、周りが求める自分になろうとしたりするようになる。嫌だと思っても、「みんな合わせているし、そういうものだから仕方がない」と自分を納得させる。いわば、自分の中の「芯」を削って周りに合わせるのだ。

しかし、大谷は日本にいる時から、自分のスタンスを崩さなかった。

先輩に食事に誘われても、酒を飲むのだったら行かないとか、二軒目は必ず断るなど、しっかりと線引きをするのだとファイターズ時代を知る記者は言う。球界の重鎮が二刀流を否定しようとも諦めなかった。

アメリカに来てからの大谷を見ていても、無理をしているようには見えない。全てをアメリカ流に変えるのではなく、あくまで自分の心地よいスタイルを貫いているように感じる。GQのインタビューで、英語を話せるに越したことはないけど、アメリカには野球をやりに来たのであって、プレーでファンにメッセージを伝えたいと答えている。周りになんと言われようと、自分の中の「芯」や優先順位は揺るがない。これはアメリカで成功する人全般に言えることだ。大谷も例外ではない。それを可能にするのが、自分がやってきたこと、築き上げてきたことへの自信だ。

本人も、「自分が決めた道に対してそこに向かって頑張ってはいけるのかなと思っていますし、それはもうこの5年間、迷うことなく進んで来れたのかなと思っています」と野球選手として一番自信を持っている部分を聞かれて答えている。

「謙虚」な姿勢や発言が注目される大谷だが、同時に「confident（自信がある）」だとエンゼルスのチームメイトやコーチ陣は称賛する。結果が出ない時でも、自分を信じてストライクゾーンにボールを投げ続けられるような強さは、アメリカのアスリートが最重要視する能力の一つだ。

「彼は自分の能力に自信があり、目的を達成するのに何をすればよいかわかっている。自分に何ができて何ができないかを分かっているからだ」とチャールズ・ナギー元投手コーチは大谷について語った。「それはこれまでの生い立ちと野球経験から来るもの。若い頃からたくさんの成功を経験して、アメリカでも成功体験を重ねているから、それが自信を生んでいるんだと思う」

四つ目が、大谷の「飽くなき向上心」である。

大谷を知る人、取材する人の誰もが大谷は「野球一筋」だと口を揃える。プロなんだから当たり前だと思うかもしれないが、大谷の徹底ぶりは飛び抜けている。娯楽に事欠かない南カリフォルニアに暮らすアスリートは、海やディズニーランドに行ったり、おしゃれなレストランやバーに繰り出したりして息抜きをする。しかし、私が知る範囲では、大谷はほぼ自宅と球場を往復する生活をしている。外食もほとんどせず、テイクアウトなどで済ませているという。

スポニチの記事によると、MVP受賞時でさえ普段の練習施設にいたそうだ（2021年11月23日配信）。テレビの中継映像では、大谷一人が白い壁の前にいるだけ。ナ・リーグMVPに輝いたブライス・ハーパーが中継で家族と盛大に祝ったのとは、あまりに対照的だった。受賞直後もウエイトトレーニングをして、お祝いもせずに一日を終えたという。

しかし、それは誘惑を断ち切ってストイックであろうと自らに課しているというよりは、単に自分の望む生活をしている姿が、他の人にはストイックに映るという方が正しいだろう。野球をすること、上手くなることを心から楽しんでいるように見える。

「野球のことになると貪欲で、探究心が高くて、必要なものにどんどん熱中して取り組みたいというタイプだった」と花巻東高等学校で同級生だった大澤永貴さんは言う。「授業の合間にみんな疲れて休憩して机に伏せて寝ている時も、（大谷は）栄養学の本とか野球につながるような本を読んでいました」

スーパースターになった今もそれは変わらない。

「野球を始めた頃からすごく野球が好きでしたし、それは今になってもあまり変わることなくここまで来ている」とメジャー1年目のシーズン後に自分の原動力を聞かれた大谷は答えた。「小さい頃は週に2回くらいでしたけれど、ほんとに次の週末になるのが楽しみでしょうがなかった。そういう気持ちが今まで続いてるんじゃないかなと思うので、今年も毎日球場に行くのも楽しかったですし、グラウンドでプレーするのも本当に楽しかったので、その延長線上じゃないかなと思っています」

野球少年が、そのまま大人になった。だからフィールドでも笑顔が絶えない。エンゼルスのマドン監督も、それが大谷が二刀流を成し遂げられた理由だと話す。その点で、元オリオールズのカル・リプケン・ジュニア内野手と大谷の姿が重なるのだと言う。リプケンもプレッシャーや失敗を重く受け止めすぎないことで、歴代最多となる2632試合連続出場記録を達成できたのだと。

「（大谷も）悲観的な考えを排除して、次の一球に集中して楽しむことができる。（ライバルの）ゲレーロにヒットを打たれた時も、ニヤッと笑って彼の方を見た。良い意味で、彼はふざけられる。もちろん誰よりも真剣に野球のことを考えているけれど、常にゲームを楽しんでいる。野球を巨大なビジネスにしてしまっている我々も、そのことを見失ってはいけない」

お金を稼ぎたいとか有名になりたいといった欲望に突き動かされるのではなく、純粋に野球というゲームを楽しむ姿が、言語という壁を超えてアメリカのファンを魅了している。そして、その姿勢があったからこそ、岩手の田舎で育った野球少年が「世界一の野球選手」になれたのだろう。

最後に恐縮ながら私事を述べさせていただく。

当時は想像もしなかったが、大谷のエンゼルス入団は、私の人生においてもターニングポイントになった。日本の大学を卒業して渡米し、大学院を修了してからカリフォルニアの地方新聞に記者として就職した。政治・経済、司法、犯罪事件、スポーツなどあらゆる分野を取材し、一般のアメリカ人向けに英語で記事を書いてきた。そして、アメリカで働き始めてから、ちょうど10年が経とうとしていた2017年12月、大谷のエンゼルス移籍が発表された。働いていた地元紙オレンジ・カウンティ・レジスターのオフィスは、窓からエンゼル・スタジアムが見えるほど近い。

米野球界からも注目されていた日本のスター到来に心が躍り、スポーツ取材からは遠ざかっていたにもかかわらず、自ら大谷取材を志願した。大谷が華々しくデビューを飾ってからは、米メディアだけでなく、ありがたいことに日本からも取材や出演依頼が舞い込んだ。

そうやって大谷関連の仕事をこなすうちに、米国でジャーナリストとして揉まれてきた経験をもとに、生のアメリカの姿を日本に伝えていきたいという想いが膨らんだ。これはアメリカに来た時に何となく抱いていた目標だったが、日々の仕事に追われる間に、いつのまにか頭の片隅に追いやられてしまっていた。

しかし、フルタイムで働いていては、どうしても時間が足りない。そこで思い切って会社を辞めてフリーになる決意をした。同僚には驚かれたが、思いを話したら気持ちよく送り出してくれた。後悔はみじんもない。

大谷のエンゼルス移籍がなければ、このように日本語で本を出版するということもなかったかもしれない。私も大谷のメジャー挑戦で影響を受けた一人だということを、読者のみなさんにどうしても伝えたかった。最後までお付き合いいただき、心より感謝を申し上げるとともに、一人でも多くの方が、より一層メジャーリーグや野球を好きになっていただけたことを願っている。

2022年3月

志村朋哉

大谷翔平 メジャーリーグ成績

	年度	2018	2019	2020	2021	通算
	年齢	23-24	24-25	25-26	26-27	
打撃成績	試合数	104	106	44	155	**409**
	打席数	367	425	175	639	**1606**
	打数	326	384	153	537	**1400**
	得点	59	51	23	103	**236**
	安打	93	110	29	138	**370**
	二塁打	21	20	6	26	**73**
	三塁打	2	5	0	8	**15**
	本塁打	22	18	7	46	**93**
	打点	61	62	24	100	**247**
	盗塁	10	12	7	26	**55**
	盗失	4	3	1	10	**18**
	四球	37	33	22	96	**188**
	三振	102	110	50	189	**451**
	死球	2	2	0	4	**8**
	敬遠	2	1	0	20	**23**
	打率	.285	.286	.190	.257	**.264**
	出塁率	.361	.343	.291	.372	**.353**
	長打率	.564	.505	.366	.592	**.537**
	OPS	.925	.848	.657	.965	**.890**
						(3Yrs)
投球成績	勝利	4	-	0	9	**13**
	敗戦	2	-	1	2	**5**
	防御率	3.31	-	37.8	3.18	**3.53**
	試合数	10	-	2	23	**35**
	先発登板	10	-	2	23	**35**
	完投	0	-	0	0	**0**
	投球回	51.2	-	1.2	130.1	**183.2**
	被安打	38	-	3	98	**139**
	失点	19	-	7	48	**74**
	自責点	19	-	7	46	**72**
	被本塁打	6	-	0	15	**21**
	与四球	22	-	8	44	**74**
	敬遠	0	-	0	2	**2**
	奪三振	63	-	3	156	**222**
	与死球	1	-	0	10	**11**
	ボーク	0	-	0	2	**2**
	暴投	5	-	1	10	**16**
	WHIP	1.16	-	6.60	1.09	**1.16**
	BB9	3.8	-	43.2	3.0	**3.6**
	SO9	11.0	-	16.2	10.8	**10.9**
	ERA+	127	-	14	141	**125**

志村朋哉 しむら・ともや

1982年生まれ。国際基督教大学卒。テネシー大学スポーツ学修士課程修了。米カリフォルニア州を拠点に、英語と日本語の両方で記事を書く数少ないジャーナリスト。米新聞社の記者として5000人以上のアメリカ人にインタビューをしてきた経験とスキルをもとに、アメリカ人でも知らない「本当のアメリカ」を伝える。米地方紙オレンジ・カウンティ・レジスターとデイリープレスで10年間働き、現地の調査報道賞も受賞した。大谷翔平のメジャーリーグ移籍後は、米メディアで唯一の大谷担当記者を務めていた。YouTubeチャンネル「Sho-Time Talk」運営。

朝日新書
858

ルポ 大谷翔平《おおたにしょうへい》

日本メディアが知らない「リアル二刀流」の真実

2022年4月30日第1刷発行

著　者　志村朋哉

発行者　三宮博信

カバーデザイン　アンスガー・フォルマー　田嶋佳子

印刷所　凸版印刷株式会社

発行所　朝日新聞出版

〒104-8011　東京都中央区築地5-3-2

電話　03-5541-8832（編集）

　　　03-5540-7793（販売）

Published in Japan by Asahi Shimbun Publications Inc.

ISBN 978-4-02-295168-7

定価はカバーに表示してあります。

落丁・乱丁の場合は弊社業務部（電話03-5540-7800）へご連絡ください。

送料弊社負担にてお取り替えいたします。

米中戦争
「台湾危機」驚愕のシナリオ

宮家邦彦

米中の武力衝突のリスクが日に日に高まっている。中国が台湾を攻撃し米国が参戦すれば、日本が巻き込まれ、核兵器が使用される「世界大戦」の火種となりかねない。安全保障学の重鎮が、複雑に絡み合う国際情勢を解きほぐし、米・中・台の行方と日本の今後を示す。

江戸の旅行の裏事情
大名・将軍・庶民 それぞれのお楽しみ

安藤優一郎

日本人の旅行好きは江戸時代の観光ブームから始まった。農民も町人も男も女も、こぞって物見遊山へ！その知られざる実態と背景を詳述。土産物好きのワケ、関所通過の裏技、男も宿場も喜ばす飯盛女、漬物石まで運んだ大名行列……。誰かに話したくなる一冊！

データサイエンスが解く邪馬台国
北部九州説はゆるがない

安本美典

古代史最大のナゾである邪馬台国の所在地は、データサイエンスの手法を使えば、北部九州で決着する。畿内ではありえない。その理由を古代鏡や鉄の矢じりなどの発掘地の統計学的分析を駆使しながら、誰にも分かりやすく解説。その所在地はズバリここだと示す。

「檄文《げきぶん》」の日本近現代史
二・二六から天皇退位のおことばまで

保阪正康

2・26事件の蹶起趣意書、特攻隊員の遺書、三島由紀夫の「檄」など、昭和史に残る檄文に秘められた真実に迫る。天皇（現上皇）陛下の退位の際のおことば、亡くなった翁長前沖縄県知事の平和宣言など、印象に残る平成のメッセージについても論じる。

防衛省の研究
歴代幹部でたどる戦後日本の国防史
辻田真佐憲

2007年に念願の「省」に格上げを果たした防衛省。15年には集団的自衛権の行使を可能とする「安全保障関連法」が成立し、ますます存在感を増している。歴代防衛官僚や幹部自衛官のライフストーリーを基に、戦後日本の安全保障の変遷をたどる。

いつもの言葉を哲学する
古田徹也

哲学者のウィトゲンシュタインは「すべての哲学は「言語批判」である」と語った。本書では、日常で使われる言葉の面白さそして危うさを、多様な観点から辿っていく。サントリー学芸賞受賞の気鋭の哲学者が説く、言葉を誠実につむぐことの意味とは。

となりの億り人
サラリーマンでも「資産1億円」
大江英樹

ごく普通の会社員なのに、純金融資産1億円以上の人が急増中。元証券マンで3万人以上の顧客を担当した著者は、共通点は「天引き習慣」「保険は入らない」「ゆっくり投資」の3つだと指摘。今すぐ始められる、再現性の高い資産形成術を伝授！

他人をコントロールせずにはいられない人
片田珠美

他人を思い通りに操ろうとする人、それをマニピュレーターという。うわべはいい人である場合が多く、他人の不安や弱みを操ることに長けている。本書では具体例を挙げながら、その精神構造を分析し、見抜き方や対処法などについて解説する。

第二次世界大戦秘史
周辺国から解く 独ソ英仏の知られざる暗闘

山崎雅弘

人類史上かつてない広大な地域で戦闘が行われた第二次世界大戦の欧州大戦。ヒトラー、スターリン、チャーチルの戦略と野望、そして誤算——。彼らに翻弄された、欧州・中近東「20周辺国」の視点から、大戦の核心を多面的・重層的に描く。

音楽する脳
天才たちの創造性と超絶技巧の科学

大黒達也

優れた音楽はどのような作曲家たちの脳によって作られ、演奏されているのか。ベートーベンからグールドまで、偉人たちの脳を大解剖。深い論理的思考で作られているクラシックをとことん味わうための「音楽と脳の最新研究」を紹介。

昭和・東京・食べある記

森 まゆみ

東京には昭和のなつかしさ漂う名飲食店があちこちに。「安くてうまい料理」と、その裏にある、作る人・食べる人が織りなす「おいしい物語」を作家で地域誌「谷根千」元編集者の著者が、食べ、かつ聞き歩く。これぞ垂涎の食エッセー。